如何始终保持干事创业精神状态

任初轩 编

人民日报出版社
北京

图书在版编目（CIP）数据

如何始终保持干事创业精神状态 / 任初轩编 . — 北京：人民日报出版社, 2024.5

ISBN 978-7-5115-8289-8

Ⅰ.①如… Ⅱ.①任… Ⅲ.①中国共产党—干部教育—学习参考资料 Ⅳ.① D262.3

中国国家版本馆 CIP 数据核字（2024）第 097436 号

书　　名：	如何始终保持干事创业精神状态
	RUHE SHIZHONG BAOCHI GANSHICHUANGYE JINGSHEN ZHUANGTAI
作　　者：	任初轩
出 版 人：	刘华新
策 划 人：	欧阳辉
责任编辑：	周海燕　马苏娜
装帧设计：	元泰书装
出版发行：	人民日报出版社
社　　址：	北京金台西路 2 号
邮政编码：	100733
发行热线：	（010）65369509　65369512　65363531　65363528
邮购热线：	（010）65369530　65363527
编辑热线：	（010）65369518
网　　址：	www.peopledailypress.com
经　　销：	新华书店
印　　刷：	大厂回族自治县彩虹印刷有限公司
法律顾问：	北京科宇律师事务所　（010）83622312
开　　本：	710mm×1000mm　1/16
字　　数：	180 千字
印　　张：	16.5
版　　次：	2024 年 6 月第 1 版
印　　次：	2024 年 6 月第 1 次印刷
书　　号：	ISBN 978-7-5115-8289-8
定　　价：	48.00 元

目 录

第一编
以正确政绩观引领干事创业

树立和践行正确政绩观 / 003

始终把人民放在心中最高位置 / 011

"不要搞急功近利的政绩工程" / 023

不断增强服务群众的本领 / 027

"政绩观扭曲"就会走向歧路 / 030

★拓展阅读★

强化责任担当　坚持真抓实干 / 035

基层一线听民意　精准调研解难题 / 041

一张蓝图绘到底　一年接着一年干 / 047

匡正干的导向，增强干的动力，形成干的合力 / 057

实实在在为人民干实事谋幸福 / 067

将学习成果转化为干事创业强大动力 / 073

第二编
把敢为善为的干部选好用好

围绕"五个自觉"高质量开展中青年干部教育培训 / 081

不断严密组织体系　建强高素质执政骨干队伍 / 089

把推动干部担当作为贯穿干部选育管用全过程 / 094

以锻造坚强组织、建设过硬队伍为重要着力点 / 101

以严明纪律规范党员干部履职用权 / 104

树立选人用人正确导向 / 107

年轻干部"墩好苗"方能成好才 / 112

★拓展阅读★

精准科学选人用人　提振干部干事创业精气神 / 116

考实政治素质　锻造过硬队伍 / 124

基层壮筋骨　一线长才干 / 133

把能谋事干事成事的干部选出来用起来 / 142

工作主动在状态　担当作为出实绩 / 148

让敢为善为、奋发有为蔚然成风 / 154

以组织担当激励干部担当 / 161

目 录

第三编
为实干担当鼓劲撑腰

新征程上更好推动和激励干部新担当新作为 / 171

自觉做勇于担当作为的不懈奋斗者 / 179

让愿担当敢担当善担当蔚然成风 / 189

鼓足干事创业的精气神 / 192

为基层减负　为实干撑腰 / 195

既有担当之心又有担当之能 / 198

★拓展阅读★

为担当者担当负责　为干事者撑腰鼓劲 / 201

组织为干部担当　干部为事业担当 / 210

真正把"指尖"上的负担减下去 / 219

激发党员干事创业内生动力 / 227

基层减负担　干部添动力 / 230

关爱激励出实招　扎根一线出实绩 / 237

把干部从繁复考核中解脱出来 / 242

增强干部"会担当""重担当""敢担当"的能力本领 / 248

第一编
以正确政绩观引领干事创业

树立和践行正确政绩观

党的十八大以来，习近平总书记围绕树立和践行正确政绩观作出一系列重要论述，强调"干事创业一定要树立正确政绩观""树牢造福人民的政绩观"等。中共中央政治局2023年7月24日召开会议指出："要以学习贯彻习近平新时代中国特色社会主义思想主题教育为契机，教育引导广大党员干部牢固树立正确政绩观"。广大党员干部要深入学习贯彻习近平总书记关于树立和践行正确政绩观的重要论述，在新征程上努力创造经得起实践、人民、历史检验的实绩。

如何 始终保持干事创业精神状态

深刻认识树立和践行正确政绩观的重大意义

政绩观是党员干部世界观、人生观、价值观和权力观、地位观、利益观、事业观等在干事创业中的体现。中国共产党是中国特色社会主义事业的领导核心,党员干部的政绩观正确与否,直接关系党和人民事业发展。

习近平同志在河北正定工作期间,要求"每个部门、每个单位、每个党员的工作都必须服从和服务于国家建设和改革的大局";在福建工作期间,倡导"滴水穿石"精神、"弱鸟先飞"意识,不搞上任伊始"烧三把火",也不搞"三天打鱼、两天晒网";在浙江工作期间,强调"树政绩的根本目的是为人民谋利益""要甘于做铺垫之事""积小胜为大胜";在上海工作期间,要求各级干部始终坚持执政为民,"要多干群众急需的事,多干群众受益的事,多干打基础的事,多干长远起作用的事"。

中国特色社会主义进入新时代,党和国家事业发展对党员干部树立和践行正确政绩观提出了新的更高要求。习近平总书记强调:"面对改革发展稳定的艰巨繁重任务,各级领导班子和领导干部一定要按照中央要求,牢记'空谈误国,实干兴邦',积极进取,奋发有为,做出经得起实践、人民、历史检验的实绩""要树立正确政绩观,多做打基础、利长远的事""要发扬求真务实、真抓实干的作风,以钉钉子精神担当尽责,树立'功成不必在我'的境界,一件事情接着一件事情办,一年接着一年干"。在以习近平同志为核心的党中央坚强领导下,绝大多数党员干部树立和践行正确政绩观,围绕中心任务真抓实干,完成脱贫攻坚、全面建成小康社会的历史任务,创造了人类文明史上人口大国成功走出疫情大流行的奇迹,推动发展的平衡性协调性包容性持续提高,我国高质量发展不断取得新成效。

党的二十大擘画了全面建成社会主义现代化强国、以中国式现代化全面推进中华民族伟大复兴的宏伟蓝图。习近平总书记指出:"要增强大局观念,牢固树立全国一盘棋思想,坚持算大账、算长远账,不打小算盘、不搞小聪明,把地区和部门工作融入党和国家事业大局""要因地制宜、因时制宜,紧密结合各自实际,开动脑筋、主动作为、大胆作为,创造性开展工作,真正让党中央决策部署落地见效"。同时,针对一些干部政绩观出现偏差的情况,习近平总书记强调:"只有党性坚强、摒弃私心杂念,才能保证政绩观不出偏差""大家一定要牢记创造业绩的目的是为人民谋利益,真正把心思和精力放在为党和人民干事创业上。"习近平总书记的重要论述具有很强的现实针对性、工作指导性。我们要深刻领悟"两个确立"的决定性意义、坚决做到"两个维护",把习近平总书记关于树立和践行正确政绩观的重要论述精神贯彻落实好。

如何始终保持干事创业精神状态

全面把握树立和践行正确政绩观的丰富内涵

习近平总书记指出,树立和践行正确政绩观,要"解决好政绩为谁而树、树什么样的政绩、靠什么树政绩的问题"。学习习近平总书记的重要论述,我们深刻体会到,树立和践行正确政绩观,起决定性作用的是党性。党员干部做事情、干工作,要做到有利于国家、有利于人民,既符合国家和人民眼前利益,又符合国家和人民长远利益,不断促进经济社会发展、促进国家富强和人民幸福。

解决好"政绩为谁而树"的问题。这关乎为谁执政、为谁用权、为谁谋利。人民是我们党执政最深厚的基础和最大底气。习近平同志在福建宁德工作期间强调:"为官之本在于为官一场,造福一方""当共产党的'官',只有一个宗旨,就是造福于民";在浙江工作期间强调:"在任何时候任何情况下,都要始终坚持把最广大人民的根本利益放在首位,自觉用最广大人民的根本利益来检验自己的工作和政绩"。党的十八大以来,习近平总书记强调:"共产党就是给人民办事的,就是要让人民的生活一天天好起来,一年比一年过得好。"我们要牢记中国共产党是什么、要干什么这个根本问题,把为民造福作为最重要的政绩,树立正确的权力观、政绩观、事业观,不慕虚荣,不务虚功,不图虚名,切实做到为官一任、造福一方。

解决好"树什么样的政绩"的问题。这关乎政绩检验标准。

习近平总书记强调:"既要做让老百姓看得见、摸得着、得实惠的实事,也要做为后人作铺垫、打基础、利长远的好事,既要做显功,也要做潜功,不计较个人功名,追求人民群众的好口碑、历史沉淀之后真正的评价。"好事实事"要从群众切身需要来考量,不能主观臆断,不能简单化、片面化""扶持经济发展,帮助群众富裕起来是好事实事;弘扬社会正气,打击'害群之马',丰富群众业余生活,创造良好社会环境,也是好事实事;解决群众衣食住行之苦、生老病死之需,是好事实事;甚至远处僻土深山的群众买不到灯泡、肥皂之类针头线脑的小事,得到我们的关心解决,也是好事实事。"这启示我们,树立和践行正确政绩观,要坚持实践观点、群众观点、历史观点。

解决好"靠什么树政绩"的问题。这关乎政绩的实现途径。一要靠对党忠诚。习近平总书记指出:"全党同志要强化党的意识,始终把党放在心中最高位置"。要做到党中央提倡的坚决响应,党中央决定的坚决照办,党中央禁止的坚决杜绝。二要靠对国之大者心中有数。习近平总书记指出,要"关注党中央在关心什么、强调什么,深刻领会什么是党和国家最重要的利益、什么是最需要坚定维护的立场"。一切工作都要以贯彻落实党中央决策部署为前提,善于把地区和部门的工作融入党和国家事业大棋局。三要靠政贵有恒。习近平总书记指出:"大国政贵有恒,不能朝令夕改,不要折腾""不要一换届领导就兜底翻,更不要为了显示所谓政绩去另搞一套，不要空洞的口号满天飞"。四要靠群众路线。习近平总书记指出："全党要坚持全心全意为人民服务的根本宗旨，树牢群众观点，贯彻群众路线，尊重人民首创精神，坚持一切为了人民、一切依靠人民，从群众中来、到群众中去，始终保持同人民群众的血肉联系，始终接受人民批评和监督，始终同人民同呼吸、共命运、心连心。"五要靠狠抓落实。习近平总书记指出："不注重抓落实，不认真抓好落实，再好的规划和部署都会沦为空中楼阁。"对当务之急，要立说立行、紧抓快办；对长期任务，要保持战略定力和耐心，坚持一张蓝图绘到底；要强化精准思维，坚持"致广大而尽精微"，做到谋划时统揽大局、操作中细致精当。六要靠廉洁自律。习近平总书记强调："当官要当舞台上端端正正的官，当清官，不要当庸官贪官"。遇到问题、作出决策、处理工作首先要从政治上想一想，对照党章、党内政治生活准则、党纪处分条例举一反三，看准能不能干、该不该做，始终做政治上的明白人。

以正确导向引领党员干部树立和践行正确政绩观

树立和践行正确政绩观，除了依靠干部的自我教育、自我提高、自我管理，组织的引导也至关重要。

习近平总书记指出："如何考准考实干部政绩，也是一个难点""要完善干部考核评价和选任办法，既重能力又重品行，既重政绩又重政德"。新征程上，我们要坚持正确导向，引导党员干部树立和践行正确政绩观。

改进考核方法手段。在浙江工作期间,习近平同志就强调:"我们要从坚持立党为公、执政为民的高度来考核评价干部的政绩,坚持抓好发展与关注民生的结合、对上负责与对下负责的结合、立足当前与着眼长远的结合,科学设定考核政绩的内容和程序,完善考评体系和方法。"党的十八大以来,习近平总书记进一步指出:"既看发展又看基础,既看显绩又看潜绩,把民生改善、社会进步、生态效益等指标和实绩作为重要考核内容,再也不能简单以国内生产总值增长率来论英雄了。"要通过考核这个"指挥棒"推动干部形成重实际、求实效,不提脱离实际的高指标、不喊哗众取宠的空口号、不搞劳民伤财假政绩的务实之风,扎扎实实地把各项工作落到实处。

发挥榜样的作用。榜样的力量是无穷的。习近平总书记善于用榜样的力量激励全党树立和践行正确政绩观。比如,习近平总书记在福建考察工作时指出:"谷文昌同志的事迹同焦裕禄、杨善洲同志的事迹一样,展示了一名共产党员和一名领导干部的坚强党性、远大理想、博大胸怀、高尚情操。"同中央党校第一期县委书记研修班学员进行座谈时指出:"焦裕禄同志以自己的实际行动塑造了一个优秀共产党员和优秀县委书记的光辉形象。做县委书记,就要做焦裕禄式的县委书记。"好的榜样,是最好的引导。我们一定要发挥榜样的作用,让广大党员干部自觉学习先进、争当先进,在感动中行动，自觉做正确政绩观的践行者。

实行问责追责。习近平总书记强调："一些干部惯于拍脑袋决策、拍胸脯蛮干，然后拍屁股走人，留下一屁股乱账，最后官照当照升，不负任何责任。这是不行的。我说过了，对这种问题要实行责任制，而且要终身追究。"比如，针对甘肃祁连山生态破坏、陕西秦岭北麓违建别墅、青海木里矿区非法开采等典型案例，有关地方和部门严肃查处和追责了一批失职渎职的人员，有力推动了各级党委和政府担负起生态文明建设的政治责任，坚决做到令行禁止，确保党中央关于生态文明建设各项决策部署落地见效。实践证明，问责一个、警醒一片、提高一批，对于推动党员干部树立和践行正确政绩观具有重要作用，要善于运用好这一重要手段和方法。

（詹成付　《人民日报》2023年10月19日第13版）

第一编
以正确政绩观引领干事创业

始终把人民放在心中最高位置

为什么人、靠什么人的问题,是检验一个政党、一个政权性质的试金石,也是把握一种思想理论根本立场和价值取向的立足点。贯穿习近平新时代中国特色社会主义思想的一条红线,就是人民至上。党的十八大以来,习近平总书记以至深至厚的为民情怀,始终把人民放在心中最高位置,围绕坚持人民至上作出一系列重要论述。我们要深入学习贯彻,把握深刻意蕴,筑牢党的事业永远立于不败之地的人民根基。

人民至上是新时代我们党全部理论和实践的鲜明底色

中国共产党一路走来,无论经历多少曲折坎坷,始终与人民

如何 始终保持干事创业精神状态

一体同心、休戚与共、生死相依。穿越革命、建设、改革洪流，历史长河抵达新的天地。2012年秋天，习近平总书记在十八届中共中央政治局常委同中外记者见面时，以"人民对美好生活的向往，就是我们的奋斗目标"，为新时代"答卷"起笔。一声誓言，躬身践行。十年后，在二十届中共中央政治局常委同中外记者见面时，习近平总书记再次郑重宣示："想人民之所想，行人民之所嘱，不断把人民对美好生活的向往变为现实。"面对人民期盼，习近平总书记始终念兹在兹、操心操劳，在不同场合提到最多的是人民群众，倾注心力最多的也是人民群众，赋予了"人民至上"更为全面、更为丰富的内涵，形成体系化理论表达，全面落实在治国理政的实践中。

一切为了人民。对中国共产党来说，"人民"二字重于千钧、高于一切。习近平总书记多次动情地将人民比喻为天地、父母、老师、江山，强调中国共产党是人民的党，是为人民服务的党，共产党当家就是要为老百姓办事，把老百姓的事情办好；共产党打江山、守江山，守的是人民的心，为的是让人民过上好日子；在保护人民生命安全面前，我们必须不惜一切代价，我们也能够做到不惜一切代价。习近平总书记谆谆告诫各级干部，无论职位高低都是人民公仆，必须全心全意为人民服务。这些铿锵有力的话语，彰显了人民领袖"我将无我，不负人民"的大境界和大担当。民之所思所盼，不仅记在习近平总书记心中，也化为执政理念，落实在想问题、作决策、办事情的各个环节。在方向道路上，坚持和加强党的全面领导，坚持和发展中国特色社会主义，为人民当家作主提供根本保证。在战略规划上，将人民至上贯穿于"五位一体"总体布局和"四个全面"战略布局，体现到中国式现代化的中国特色、本质要求和重大原则中。在制度安排上，完善和发展中国特色社会主义制度，推进国家治理体系和治理能力现代化，健全为人民执政、靠人民执政各项制度。在政策举措上，把尊重民意、汇集民智、凝聚民力、改善民生放在首位。一切以人民为上、事事以人民为先，习近平总书记的胸中有大局，更有人民。

一切依靠人民。人民是我们党领导和执政的力量源泉。习近平总书记对人民心怀崇敬，由衷为伟大的人民点赞，强调历史是人民书写的，一切成就归功于人民；只要我们深深扎根人民、紧紧依靠人民，就可以获得无穷的力量；人民是我们党执政的最大底气，是我们共和国的坚实根基，是我们强党兴国的根本所在；中国梦归根到底是人民的梦，必须紧紧依靠人民来实现；无论遇到任何困难和挑战，只要有人民支持和参与，就没有克服不了的困难，就没有越不过的坎；在人民面前，我们永远是小学生，必须自觉拜人民为师，向能者求教，向智者问策。这些真挚话语，道出了"人民是历史的创造者，群众是真正的英雄"这一朴素真理。在新时代历史进程中，习近平总书记把人民视为决定党和国家前途命运的根本力量、全面建成社会主义现代化强国的决定性力量，充分调动广大人民的积极性、主动性、创造性，团结带领人民创造历史伟业。领导和组织人民群众全面建成小康社会，撸起袖子加油干；激发人民群众内生动力，依靠自己双手创造幸福生活；尊重人民首创精神，坚持和发展新时代"枫桥经验"；广泛问政于民、问需于民、问计于民，鼓励群众以各种方式建言献策；鼓舞动员全国人民，共筑抗击新冠疫情的"铜墙铁壁"。正是依靠亿万人民的创造伟力，这些年我们才攻克了许多长期没有解决的难题，办成了许多事关长远的大事要事，取得了新时代伟大成就。

让人民生活幸福是"国之大者"。大国之事千头万绪，但万流归宗指向于人民的幸福安康。对百姓的安危冷暖，习近平总书记时时放心不下，强调中国共产党始终代表最广大人民根本利益，与人民休戚与共、生死相依，没有任何自己特殊的利益，从来不代表任何利益集团、任何权势团体、任何特权阶层的利益；党的一切工作都是为老百姓利益着想，让老百姓幸福就是党的事业；为民造福是立党为公、执政为民的本质要求；维护人民根本利益，增进民生福祉，不断实现发展为了人民、发展依靠人民、发展成果由人民共享，让现代化建设成果更多更公平惠及全体人民；坚持以人民为中心的发展思想，抓住人民最关心最直接最现实的利益问题，不断保障和改善民生，促进社会公平正义，在更高水平上实现幼有所育、学有所教、劳有所得、病有所医、老有所养、住有所居、弱有所扶。在2014年新年贺词中，习近平总书记满怀深情地指出："我们的目标很宏伟，也很朴素，归根到底就是让老百姓过上更好的日子。"一句句感人至深的话语，一项项为民务实的举措，把领袖的心和人民群众的心紧紧地连在了一起。习近平总书记把对群众最浓的情化为最实的措施、最大的投入，一往无前以赴之，夙夜在公以成之。从打赢脱贫攻坚战、全面建成小康社会、推动经济高质量发展、繁荣发展中国特色社会主义文化、推进生态文明建设，到解决好老百姓的衣食住行、就业、养老、教育、医疗等急难愁盼问题，一件事情接着一件事情办，一年接着一年干，切实让幸福看得见、摸得着、真实可感。今天，中国发展成果广泛惠于人民，老百姓的日子越来越有奔头、有盼头。

牢牢植根人民。"心系群众鱼得水，背离群众树断根。"习近平总书记反复就密切党群、干群关系对全党提出明确要求，强调人心向背关系党的生死存亡；人民拥护和支持是党执政的最牢固根基；党的最大政治优势是密切联系群众，党执政后的最大危险是脱离群众；要注重防范化解脱离群众、动摇根基的风险；从群众中来、到群众中去，始终保持同人民群众的血肉联系，始终接受人民批评和监督，始终同人民同呼吸、共命运、心连心。针对有的党员干部脱离群众的突出问题，习近平总书记提出严肃批评，要求大力弘扬党的光荣传统和优良作风，坚决反对形式主义、官僚主义、享乐主义和奢靡之风，坚决同一切消极腐败现象作斗争。多年来，无论走到哪里，习近平总书记都把自己视为劳动人民的普通一员。在

如何 始终保持干事创业精神状态

河北正定，经常在街上摆张桌子坐下来，面对面倾听群众呼声；在福建宁德，以深入调查研究起步，建立"四下基层"工作方法和工作制度；到中央工作后，无论多忙也要抽出时间，不辞辛劳深入基层，察民情、解民忧、汇民智、聚民力。正是在与群众打成一片、融为一体的交往中，习近平总书记展现了人民领袖的魅力。进入新时代，紧扣保持党同人民群众血肉联系这个关键，习近平总书记从制定和落实中央八项规定开局破题，驰而不息纠治"四风"，在全党开展六次集中教育，持之以恒推进全面从严治党，以优良党风带动政风民风，进一步巩固了党的执政根基。

人民是党的工作的最高裁决者和最终评判者。金杯银杯不如群众口碑，群众说好才是真的好。习近平总书记秉持对人民负责的高度责任感，强调我们党的执政水平和执政成效都不是由自己说了算，必须而且只能由人民来评判；检验我们一切工作的成效，最终都要看人民是否真正得到了实惠，人民生活是否真正得到了改善，人民权益是否真正得到了保障；党员、干部初心变没变、使命记得牢不牢，要由群众来评价、由实践来检验。要求全党把人民拥护不拥护、赞成不赞成、高兴不高兴、答应不答应作为衡量一切工作得失的根本标准。新时代以来，习近平总书记用好群众意见这把"最好的尺子"，以人民满意度为依归开展党的各项工作。脱贫攻坚质量怎么样，必须是"小康不小康，关键看老乡"。党的惠民政策好不好，要看"乡亲们是笑还是哭"。改革成效的评价标准，看是否促进经济社会发展、是否给人民群众带来实实在在的获得感。集中教育坚持开门抓，组织群众有序参与，向群众报进度、"晒"成效。各级党组织和党员、干部的表现，交给群众来评判，并畅通、拓宽群众参与监督的渠道。时代是出卷人，我们是答卷人，人民是阅卷人。实践证明，我们党在新的赶考之路上考出了好成绩，向人民、向历史交出了一份优异答卷。

一切为民者，则民向往之。中国共产党把人民放在心上，人民就把党放在心上。14亿多中国人民从百年党史中，从新时代伟大变革中，更加深刻认识到中国共产党是一个为人民谋幸福、为民族谋复兴的政党，更加坚定不移听党话、跟党走，在以习近平同志为核心的党中央坚强领导下，以伟大奋斗铸就非凡伟业，书写了"此卷长留天地间"的壮丽篇章。踏上新征程，全党全国人民自觉坚定拥护"两个确立"、坚决做到"两个维护"，空前团结、万众一心，焕发出更为强烈的历史自觉和主动精神，凝聚起强国建设、民族复兴的磅礴力量。任何想把中国共产党同中国人民分割开来、对立起来的企图，永远都不会得逞。同时，中国共产党人始终以世界眼光关注人类发展，从"人民的美好生活，一个民族、一个家庭、一个人都不能少"，到"在人类追求幸福的道路上，一个国家、一个民族都不能少"，推动构建人类命运共同体，为增进各国人民福祉指明了人间正道。

如何 始终保持干事创业精神状态

牢牢把握坚持人民至上的深刻意蕴

"人民至上",只有简简单单四个字,却蕴含极深之意。学习领会习近平总书记关于坚持人民至上的重要论述,我们进一步深切体会到,这一重要论述承继于马克思主义唯物史观,扎根于新时代中国特色社会主义生动实践,深植于中华民族历史文化沃土,是坚持"两个结合"、推进理论创新取得的思想结晶,闪耀着真理光芒、充满着历史智慧、饱含着文化底蕴,是我们党关于人民至上理论与实践集大成者。

对马克思主义唯物史观的继承和发展。如何认识人民群众在历史上的作用,是社会历史观的重大问题。在人类思想史上,唯物史观第一次科学解决了这个问题,确立了人民群众的历史主体地位,指明社会历史规律就是人民活动的规律,社会历史过程就是追求着自己目的的人的活动。人民是历史的主体,就意味着人民既是社会发展的动力,也是社会发展的目的。从唯物史观这一基本原理出发,习近平总书记关于人民至上的重要论述结合新时代伟大实践,坚持尊重社会发展规律、尊重人民历史主体地位、谋求最广大人民根本利益的一致性,深刻认识和高度肯定人民群众的地位和价值,阐明了人民是新时代坚持和发展中国特色社会主义的主体力量、是中国式现代化的主体,人民是价值的创造者和发展成果的共享者,实现了人民群众作为历史主体、实践主体、价值主体的有机统一,体现了历史观和价值观的贯通、认识论和实践论的贯通，是唯物史观在新时代的具体运用和创新发展。

对党百年奋斗历史经验的总结升华。一百多年来，人民为什么衷心拥护中国共产党？答案就写在一代又一代中国共产党人始终与人民风雨同舟、与人民心心相印的奋斗历程中。党的第三个历史决议将"坚持人民至上"概括为党百年奋斗的历史经验之一，揭示了中国共产党之所以能的独特优势。以党的历史为基石，习近平总书记关于人民至上的重要论述立足新的历史方位，适应社会主要矛盾和人民需求的新变化，从新时代为了人民、依靠人民、造福人民的实践中凝练升华，进一步强调满足人民日益增长的美好生活需要、推动全体人民共同富裕、促进人的全面发展和社会全面进步等，深刻回答了"我是谁、为了谁、依靠谁"的历史考题，将全心全意为人民服务推向新的境界，谱写了人民至上的新时代篇章。坚持人民至上，使我们看清楚过去为什么能够成功，也弄明白未来怎样才能继续成功。党的二十大从世界观和方法论的高度，把"必须坚持人民至上"作为习近平新时代中国特色社会主义思想的立场观点方法之一，作为继续推进理论创新必须坚持的基本点，为全党走向未来提供了坚强保证。

对中华优秀传统文化的创造性转化、创新性发展。敬重苍生是中华民族生生不息的文化基因，中华文明自古蕴含着亲民、重民、富民、恤民、教民等民本思想和政治理念。从几千年浩瀚文脉中延绵而来，习近平总书记关于人民至上的重要论述，将马克思主义真理力量同中华优秀传统文化相融相通，从前人留下的思想资源中取精用宏、汲古开新，对传统民本思想加以扬弃、拓展、完善，不断赋予其时代化内涵和现代化表达。一系列新思想新观点新论断，在中华文化孕育的大地上生根发芽、实现飞跃，超越了传统民本思想的阶级和历史局限性，推动中华优秀传统文化古为今用、新故相因，在作答"人民之问"的伟大实践中，进一步夯实了马克思主义中国化时代化的历史基础和群众基础。

新征程上把坚持人民至上化为自觉行动

坚持人民至上铸就了党的百年辉煌。面向未来，无论是风高浪急还是惊涛骇浪，人民永远是我们党最坚实的依托、最强大的底气。我们要化理论为情怀、化理论为方法、化理论为担当，把习近平总书记关于坚持人民至上的重要论述精神运用好、落实好，不断把为人民造福事业推向前进。

树牢造福人民的政绩观。树立和践行正确政绩观，起决定性作用的是党性。要坚持党性和人民性相统一，牢记"中国共产党是什么、要干什么"这个根本问题，厚植为民情怀，"把屁股端端地坐在老百姓的这一面"，自觉把为民造福作为最重要的政绩。造福人民，就要求我们加快发展新质生产力、扎实推进高质量发展，为保障和改善民生奠定坚实的物质技术基础，把发展成果不断转化为生活品质。群众利益无小事,为民造福不能靠喊喊口号、做做样子。要立足眼前,坚持从实际出发、实事求是,多做惠民生、纾民困、解民忧的事,不慕虚荣,不务虚功,不图虚名,切实做到富裕一方百姓、造福一方乡亲。同时着眼长远,防止"政绩冲动",多做为后人作铺垫、打基础、利长远的事,统筹好全局和局部、当前和长远,把握好潜绩和显绩的关系,真正把政绩留在老百姓的口碑中、心坎上。

走好新时代党的群众路线。深入基层才能心里有数。当前群众的新需求、国家治理的新趋势,越发要求落实"四下基层"、走好新时代党的群众路线。既要深入基层一线与群众有福同享、有难同当,有盐同咸、无盐同淡,增进同群众的感情,又要真诚倾听群众呼声,洞悉群众需求,在制定政策举措时体现群众利益;既要善于从基层的鲜活实践中汲取智慧,寻找解决问题的方案和办法,与群众一起商量、一起干,又要加强教育、协商、疏导,注重运用法律、政策、经济、行政等手段,化解好群众矛盾纠纷。调查研究是贯彻群众路线的有效形式。只有多到困难多、群众意见集中、工作打不开局面的地方去,才能有针对性地解决问题,以点带面、全面推进。同时,把党的优良传统同新技术新手段结合起来,走好网上群众路线,提高通过互联网组织群众、宣传群众、引导群众、服务群众的本领。

持之以恒加强作风建设。党的作风就是党的形象。不良风气如果任其发展下去，就会像一座无形的墙把党和人民群众隔开。今天，最突出的不正之风还是"四风"，必须一刻不停、一寸不让地纠治，特别是紧盯"扎扎实实走程序，认认真真走过场"、"门好进、脸好看、话好说，事情依然不好办"等形式主义、官僚主义隐形变异问题。坚持纠"四风"与树新风并举，大兴务实之风，少讲空话多干实事，看准了就抓紧干，能多干就多干一些，坚决把习近平总书记重要讲话、重要指示批示精神和党中央决策部署落到实处，着力使问题得到解决、工作得到提升、群众得到实惠。弘扬清廉之风、养成俭朴之风，坚决惩治群众身边腐败问题和作风问题，坚决反对特权思想和特权行为，清清白白做人、干干净净做事、坦坦荡荡为官，干成事、不出事，自觉做廉洁从政、廉洁用权、廉洁修身、廉洁齐家的模范。

（中共中央党校 （国家行政学院）校（院）务委员会

《求是》2024年第7期）

第一编
以正确政绩观引领干事创业

"不要搞急功近利的政绩工程"

未来之城,拔节生长。河北雄安新区启动区建设热火朝天,"千年秀林"绿意盎然,白洋淀碧波荡漾……

建设雄安新区是千年大计。"把每一寸土地都规划得清清楚楚后再开工建设,不要留历史遗憾""建设雄安新区是一项历史性工程,一定要保持历史耐心,有'功成不必在我'的精神境界"……

兼顾速度与质量、统筹当前与长远,习近平总书记高瞻远瞩,引领未来之城一步步成为新时代高质量发展的标杆。

高质量发展是全面建设社会主义现代化国家的首要任务。

树立和践行正确政绩观,必须牢记初心使命,对人民负责。

"'好县'的标准是什么?"习近平同志在正定工作时提出这

如何 始终保持干事创业精神状态

样的问题。

当时，正定每年粮食征购7600万斤，是"农业学大寨"先进县。可是粮食交得越多，群众收入越低，正定实际上是个"高产穷县"。

习近平同志向上反映情况，争取政策支持。每年粮食征购核减到4800万斤，扩大经济作物种植面积，"一减一加"让农民收入翻了番。

让老百姓过上好日子，才是真的好。

党的十八大以来，如期打赢脱贫攻坚战，建成世界上规模最大的教育体系、社会保障体系、医疗卫生体系……人民群众的生活更美好、笑容更灿烂。

2021年春，一段发生在广西桂林毛竹山村的对话刷屏网络——

"总书记，您平时这么忙，还来看我们，真的感谢您。"

"我忙就是忙这些事，'国之大者'就是人民的幸福生活。"

平实的话语，彰显为民初心。中国共产党是什么、要干什么，内心无比笃定。

树立和践行正确政绩观，必须坚持实干担当，对历史负责。

党的二十大闭幕不久，习近平总书记来到河南安阳林州市红旗渠纪念馆。20世纪60年代，当地党员干部群众逢山凿洞、遇沟架桥、艰苦鏖战，修成这座"人工天河"。

没有老一辈人拼命地干，没有他们付出的鲜血乃至生命，就没有今天的幸福生活。习近平总书记指出:"大家都应该来看看"。

为官一任、造福一方,就要苦干实干,既做让老百姓看得见、摸得着、得实惠的实事,又做为后人作铺垫、打基础、利长远的好事。

2023年是浙江"八八战略"实施20周年。2003年7月10日,习近平同志在浙江省委十一届四次全会上首次系统提出了"八八战略"。

这是一个高瞻远瞩的宏伟擘画。八个方面的优势和八个方面的举措,对准浙江的优点、弱点、痛点,措施有力,治根治本,成为统领浙江发展的总纲。一张蓝图绘到底,一任接着一任干,浙江大地不断焕发新气象、迸发新生机。

"我们对于时间的理解,不是以十年、百年为计,而是以百年、千年为计。"功成不必在我、功成必定有我。在历史长河中,每个人都要跑好属于自己的"这一棒"。大情怀、大格局,充分展现。

树立和践行正确政绩观,必须强化党性锤炼,对党的事业负责。

2023年全国两会期间,有全国人大代表提到响水事故。"当时GDP上去了,但为若干年以后的灾害性事件埋下了根"。习近平总书记叮嘱:"任何时候我们都不能走那种急就章、竭泽而渔、唯GDP的道路。这就是为什么要树牢新发展理念。"

如何 始终保持干事创业精神状态

从"有没有"向"好不好"转变,从"注重量"向"追求质"转变,新发展理念引领中国经济迈上更高质量、更有效率、更加公平、更可持续、更为安全的发展之路。

现实中,有的党员干部热衷"政绩工程""形象工程",实则成了"劣绩"、毁了形象。习近平总书记指出:"不要搞急功近利的政绩工程"。

"树立和践行正确政绩观,起决定性作用的是党性。"只有党性强、信念坚,不断提高政治判断力、政治领悟力、政治执行力,才能确保始终沿着正确的方向前进。

循道而行,功成事遂。不断把学习贯彻习近平新时代中国特色社会主义思想引向深入,我们一定能创造出经得起历史和人民检验的实绩。

(张洋　《人民日报》2023年06月22日第01版)

不断增强服务群众的本领

在河北省石家庄市档案馆保存的史料中,有一份发布时间为1948年2月1日的关于"吃饺子"的通知。"一二三四区长:旧年将至,贫民中可能有一部份(分)人没吃的,希各区很好调查一下,由库存的粮食中(过去贫民会查封的)拨出一部发放,务使这些贫民过年能吃到饺子。"通知内容寥寥几十字,记录下了石家庄解放后人民政府心系百姓、保障民生的质朴情怀。

江山就是人民,人民就是江山。我们党的百年历史,就是一部与人民心心相印、与人民同甘共苦、与人民团结奋斗的历史。党的十八大以来,从实施城市老旧小区改造到推进农村人居环境整治,从保护学生视力到提高养老院服务质量,党和政府不断满足人民日

如何 始终保持干事创业精神状态

益增长的美好生活需要，人民群众获得感、幸福感、安全感更加充实、更有保障、更可持续。

民生事映照为民情怀大格局。习近平总书记强调，"我们的目标很宏伟，也很朴素，归根到底就是让老百姓过上更好的日子""让人民生活幸福是'国之大者'"。从柴米油盐酱醋茶到教育医疗住房，一件件民生事，一头连着人民群众美好生活的具体需求，一头连着经济社会发展的宏观大局，组合起来构成的就是治国理政的大事、要事。这是情系人民的赤子之心的生动体现，也是以人民为中心的发展理念的有力彰显。

"作于细"才能"成其大"。为民造福不是一句空话，越是民生事，越需要有力有效地落实执行。坚持人民至上的立场观点方法，是我们做好各项工作的重要指针。广大党员干部务须时刻铭记大事与小事、民事与国事的辩证法，实现好一项项民生期盼，努力让人民群众心情愉快、人生出彩、梦想成真。抓住人民最关心最直接最现实的利益问题，真心实意为人民办实事、解难事，一件事情接着一件事情办，一年接着一年干，方能把好事办实、把实事办好，办到群众心坎上。

民生事并不是一成不变的。随着经济社会发展、人民生活水平提高，许多"老大难"问题解决了，可新情况还会不断产生。就像"吃饺子"，现在大家已经不再忧虑过年能否吃上饺子，可关乎"吃饺子"的新问题依然存在，如市场上速冻饺子的品种能否更丰富、食品安全监管是否到位。民生需求不断变化，事关群众切身利益的小事也会以更多样的形式存在，这呼唤党员干部不断增强服务群众的本领，真正把为民造福落到实处。

习近平总书记在2024年春季学期中央党校（国家行政学院）中青年干部培训班开班之际作出重要指示："要自觉做矢志为民造福的无私奉献者，始终把人民放在心中最高位置，树立和践行正确政绩观，走好新时代党的群众路线，提高做群众工作的本领，用心用情用力解决群众急难愁盼问题，不断增强人民群众的获得感、幸福感、安全感。"守护人民福祉没有完成时，保障和改善民生只有连续不断的新起点。积小胜为大胜，护小家为大家，人民的美好生活必将更加多姿多彩。

（李林宝 《人民日报》2024年03月12日第05版）

如何 始终保持干事创业精神状态

"政绩观扭曲"就会走向歧路

2023年10月，中央纪委国家监委网站发布了各级纪检监察机关查处通报的一些典型案例，充分表明党员干部的政绩观正确与否，对事业发展和个人成长都至关重要。比如，贵州省政协原党组成员、副主席李再勇丧失理想信念，背弃初心使命，政绩观扭曲，权力观错位，严重背离党中央重大决策部署，不贯彻落实新发展理念，大搞劳民伤财的"政绩工程"。山东省政协原党组成员、副主席孙述涛政绩观扭曲，为谋求个人进步搞经济数据造假；既想当官，又想发财，大搞权钱交易，利用职务便利为他人在企业经营、职务调整等方面谋利，并非法收受巨额财物。安徽省蚌埠市政协原党组副书记、副主席孟祥光身为长期在组织人事部门工作的党员领导干部,政绩观扭曲、弄虚作假,与不法商人深度捆绑,共同骗取国家惠企资金;甘于被围猎,收受他人巨额贿赂。

政绩观是对政绩的总体认识和根本观点,解决的是政绩为谁而树、树什么样的政绩、靠什么树政绩的问题。政绩观直接反映干部从政的价值取向,是干部履职尽责、干事创业的思想基础。政绩观是世界观、人生观和价值观在领导干部身上的具体体现,对领导干部如何从政、如何施政具有十分重要的导向作用。政绩观是否端正,不仅影响到领导干部自身健康成长,而且关系到党和国家事业兴衰。上述案例中的党员干部由于缺乏对政绩观的正确认识与把握,因个人私利给党和人民的事业带来损失。

政绩观扭曲有多种表现形式,有的党员干部为了尽快出政绩、争排名,在争资金、上项目上急功近利,面对打基础、见效慢的事没有兴趣;有的党员干部千方百计要显绩而不注重潜绩;有的党员干部玩忽职守不作为、任性用权乱作为;有的党员干部存在形式主义、官僚主义。重眼前、轻长远,重个人、轻集体,重上级、轻群众,凡此种种,虽表现各异,但都是政绩观异化、政绩观出现了偏差,给地方或行业长远发展留下祸害和隐患,引起群众强烈不满。

政绩观扭曲问题,表面看是对待工作不认真、不负责,但从根

如何 始终保持干事创业精神状态

本上来看是有些党员干部的"总开关"出了问题,"官本位"思想严重,认为职务高低完全是个人地位的体现,下面有反对的声音就是对自己面子和权威的挑战。还存在有些领导干部为官从政的价值观出现了偏差,不从党和国家的大局考量,只看眼前不顾长远,只顾局部不谋全局。没有树立正确的群众观也会导致政绩观扭曲,在工作中眼睛看上不看下,只唯上不唯实,视百姓实际困难而不见,置群众反馈建议于不顾。除了干部自身原因,一些客观情况也会导致政绩观的偏差扭曲。比如,考核内容中基础建设、项目引进等指标赋予权重过高,但一些工作不便量化而被忽视。另外,"关键少数"的政绩观直接影响到党员干部政绩观的树立。还有"新官"难理问题丛生的"旧账",导致政绩观出现偏差。

政绩观一时的端正不代表一世的端正。在这些违纪违法案件中,不难发现他们在为政之初都是为民着想、理想信念坚定的好干部。然而,在现实的诱惑下,这些党员干部却逐渐迷失自我,最终滑向腐败深渊。可以说,政绩观扭曲表现形式是多种多样的,出现的原因也是复杂繁多,解决起来存在辨别较难、纠治较慢、考核机制不完善等问题。《中国共产党纪律处分条例》等党纪国法都对党员干部树立正确政绩观提出了要求,党员干部正确政绩观的涵养、对"跑偏"政绩观的校正,是一个细水长流、永远在路上的过程。

第一编
以正确政绩观引领干事创业

树立和践行正确政绩观,最重要的是始终为人民利益而奋斗,始终把人民放在心中最高的位置,践行全心全意为人民服务的根本宗旨。千头万绪的事,说到底是千家万户的事。推动经济社会发展,说到底是为了不断满足人民群众对美好生活的需要。重视加强教育引导,让干部对群众有真情,培养为民情怀,走好群众路线,深入基层、深入群众,了解群众的疾苦,倾听群众的呼声。把人民的需要和要求与自己的工作结合起来,切实做到"为官一任、造福一方"。必须力戒形式主义、官僚主义。抓落实,是党的政治路线、思想路线、群众路线的根本要求,也是衡量领导干部党性和政绩观的重要标志。反对空谈、崇尚实干、注重落实,是我们党的光荣传统和优良作风。党中央持之以恒正风肃纪,其目的就是推动广大党员干部真抓实干,以实际成效取信于民。

特别是要认识到,形式主义、官僚主义是阻碍党的路线方针政策和党中央重大决策部署贯彻落实的大敌,必须始终做到一切从实际出发,推动各项工作不断取得新进展。强化党性锤炼,树牢正确政绩观,深入学习党的理论创新成果,不断优化思想方法、解决思想困惑、检视自身思想作风。牢固树立和践行正确政绩观,完善考评机制,让埋头实干取得实绩的干部脱颖而出,建立科学规范的干部考核评价体系,有效解决好"如何评价政绩"和"政绩由谁来评"。进一步加强监督检查,强化政治监督,先抓行动再抓思想,净化政治生态来涵养正确政绩观；注重抓好案件查处背后关于"跑偏政绩"的线索，以零容忍态度高擎追责"利剑"，通过监督执纪问责的正确运用，解决好"如何树政绩"和"树哪种政绩"。加强工作统筹，保证一段时间以来的制度、规划和发展战略传承延续。党员干部还要加强党性修养，要有"功成不必在我"的精神境界和"功成必定有我"的历史担当，把对党忠诚、为党分忧、为党尽职、为民造福作为根本政治担当。

（毛胜　《学习时报》2023年12月08日第01版）

 拓展阅读

强化责任担当　坚持真抓实干

在山西，记者随同右玉县林业局干部下乡调研，看当地如何加强林业生态建设，让塞上绿洲更秀美；

在福建，记者随同晋江市工业和信息化局干部走访企业，看当地如何把优化民营企业发展环境的部署要求进一步落到实处；

在甘肃，记者随同玛曲县自然资源局干部下乡调研，看当地如何加强草原保护修复，持续提升生态功能……

在"新时代新征程新伟业"主题采访活动中，人民日报记者走到基层一线，见证、记录基层广大党员干部强化责任担当，坚持真抓实干，切实把党的二十大提出的目标任务落到实处。

如何 始终保持干事创业精神状态

担当作为，把各项工作抓紧抓好

立足本职，真抓实干，把贯彻落实党的二十大精神转化为实际成效

在山西省右玉县林业局干了近40年、再有几个月就要退休的技术员赵守忠，工作热情一点没减。为贯彻落实党的二十大报告提出的"科学开展大规模国土绿化行动"部署要求，他想多出把力。20年前，赵守忠帮助当地村民李云生绿化万亩荒山；这段时间，他又忙着引导李云生改造低效林，在以柠条为代表的低效林里补种沙棘等经济林，完善种植结构。

经过70多年的接力奋斗，人工造林近170万亩，治理沙化土地200多万亩，右玉从曾经风沙成患的"不毛之地"，变成如今林木绿化率达57%的"塞上绿洲"。"坚持山水林田湖草沙一体化保护和系统治理，右玉的绿化已从以前的单一种树转向林业综合生态治理。"赵守忠说。

用新的伟大奋斗创造新的伟业，广大党员干部积极担当作为，把各项工作抓紧抓好，让人民群众看到贯彻落实党的二十大精神的实际成效。

"请各位企业主及时申报本次贷款，我们将组织专班连夜审批。"晋江市工业和信息化局局长林永红的一条信息提醒，帮助华宇铮蓥集团顺利申请到3000万元鞋服产业专项贷款。

针对企业反映较为集中的资金周转问题，2022年10月，福建省出台纺织鞋服产业纾困专项资金贷款政策。林永红边组织专人加班审批，边通过电话、微信等向重点企业宣讲政策。

"贯彻落实党的二十大精神，当地干部主动问需、靠前服务、跟进回访，进一步支持中小微企业发展。"采访林永红时，一处细节引起记者刘晓宇的注意：林永红的手机一直在闪烁震动，原来政企互动微信群里，市工信局的干部正为企业主解答疑问、解释政策，"一企一策"开展服务。

来到黑龙江哈尔滨新区行政审批局，进门入口处墙面上"先行先试、敢闯敢试"几个大字让记者刘梦丹印象深刻：2022年初，新区行政审批局推出全程代办便民举措，审批事项办理时间大幅缩短。"贯彻落实党的二十大报告提出的'深化简政放权、放管结合、优化服务改革'部署要求，当地干部既在'放'上求突破，又在'管'上促规范，更在'服'上下功夫、求实效，进一步优化营商环境，以提升企业和群众办事的体验感。"刘梦丹说。

履职尽责，确保决策部署落地见效

从全面加强生态环境保护到推进乡村振兴，广大党员干部一步一个脚印

到养殖企业巡访，河南黄河湿地国家级自然保护区三门峡管理处副主任杨战锋很"较真"：每个角落都要转到，还要仔细确认养

如何 始终保持干事创业精神状态

殖数量是否符合要求。实地跟踪采访，记者王者体会颇深："党的二十大报告提出'推动绿色发展，促进人与自然和谐共生'，当地党员干部正以更大力度推进生态修复治理，建设大美湿地。"

2021年下半年，河南省林业局先后发布沿黄河湿地自然保护区鱼塘畜禽养殖、果树种植整改的指导意见，要求核心区、缓冲区停止养殖，对实验区畜禽养殖签订多方共管协议，并对果树规范种植提出相应整改意见。一年多来，三门峡管理处排查出黄河湿地13家畜禽养殖场、1500余户农户，全部完成整改并签订了规范养殖、种植协议。如今，保护区湿地生态环境持续向好，每年来三门峡越冬的大天鹅达到上万只。

在甘肃省甘南藏族自治州玛曲县，当地持续推动以草定畜、定牧，牧民放养牛羊数量减了，收入增了。牧民才旦扎西领办的玛曲县合家绵羊园藏羊养殖专业合作社，采取联合放牧、集中饲养以及舍饲养殖等方式，效益比分户散养提高20%以上。"坚持生态优先、绿色发展，我们将继续完善政策措施，提高牧户以草定畜、定牧积极性，确保让超载牲畜'减得下'、牧民收入'涨得了'、草原生态'变得好'。"玛曲县草原监理站副站长周永燊说。

在玛曲县蹲点调研一星期，记者付文感受深切："基层党员干部把本职工作抓实抓细，就能确保各项决策部署落地见效。"

从全面加强生态环境保护到全面推进乡村振兴，基层党政机关广大党员干部正以奋发有为的精神状态，撸起袖子加油干，一步一个脚印把党的二十大作出的重大决策部署付诸行动、见之于成效。

扑下身子，干实事谋实招求实效

弘扬党的光荣传统和优良作风，在推进高质量发展中不断展现新作为

穿上鞋套，拿起工具，不一会儿就在蔬菜大棚里忙出一头汗来……跟踪采访江西省永丰县蔬菜产业发展中心工作人员，记者朱磊对这些"特殊菜农"的工作有了更多了解，"菜农的大棚就是他们的'办公室'，有时为了一项技术创新，要在这里埋头攻关好几年。"

这些年，永丰县蔬菜产业发展中心的十几名机关工作人员组成3支技术小分队，联合乡镇农技人员，为全县职业菜农常态化提供产前、产中、产后服务。贯彻落实党的二十大报告提出的"强化农业科技和装备支撑"部署要求，永丰县蔬菜产业发展中心主任江志新还有新的打算："随着菜农们技术水平和经营理念的提升，我们的创新步伐必须加快，未来要在组建全县蔬菜产业技术体系方面下更大力气。"

在重庆两江协同创新区，跟随两江新区科技创新局副局长董涛到企业调研，让记者王欣悦印象深刻的是该局探索形成"三个一"服务机制，即服务协同创新区的党员突击队员每月到驻点联系企业上班不少于两个半天；原则上每季度组织召开一次志愿服务工作推进会；每个党员服务小组梳理确定一个特色亮点项目。"贯彻落实党的二十大报告提出的'加快实施创新驱动发展战略'的部署要求，科技创新局党员干部干劲十足，着力推进协同创新，助力建设科创高地。"王欣悦说。

走进四川天府新区成都片区，只见低矮山丘绵延起伏，花草树木错落有致。这些看似不起眼的花草树木，也倾注了不少当地干部的心血。天府新区公园城市建设局重大项目和公建配套处副处长邱伟和同事几乎跑遍成都各大苗木基地，才选中适宜的本地乔木乌桕，树形遒劲，价格不贵，养护费也不高。

"可供选择的非本地苗木不少，但我们从保持自然生态系统的原真性和完整性出发，尽可能使用本地苗木。"邱伟说，"建设公园城市，必须秉持尊重自然、顺应自然、保护自然的原则，厚植生态本底。"

"党的二十大报告提出，弘扬党的光荣传统和优良作风，促进党员干部特别是领导干部带头深入调查研究，扑下身子干实事、谋实招、求实效。"跟随天府新区公园城市建设局干部到建设项目实地走访、现场办公，记者王明峰感触颇深："面对新形势新任务，党员干部唯有扑下身子真抓实干，方能在推进高质量发展中不断展现新作为。"

（孙振　《人民日报》2023年01月11日第06版）

基层一线听民意　精准调研解难题
——海南开展"厅局长走流程"活动

到政务大厅实地体验经营主体办证流程、接听12345热线电话回应群众关切、跟着货车司机进港登船解决难题……2023年3月，海南省委优化营商环境领导小组启动"厅局长走流程"活动，要求有审批、执法及承担公共服务职能的部门"一把手"转换角色，从企业群众办事和基层经办工作两个角度出发，体验政务服务流程，了解政策"懂不懂"、流程"通不通"、服务"好不好"，解决堵点痛点难点问题。

同时，海南要求"厅局长走流程"活动不搞一阵风，坚持高频事项、堵点事项必须"走"，企业群众反映突出瓶颈、难题必须

如何始终保持干事创业精神状态

"改",建立问题、措施、改革"三张清单",推动制度优化、流程再造和服务提升。截至目前,各厅局已梳理问题清单52个,一批整改措施同步推出,制度集成创新的改革清单也有了眉目。

走流程找问题

"到了窗口,会看到坐在办公室看材料发现不了的问题"

趁着会议间隙,4月27日上午,海南省市场监督管理局局长铁刚来到紧挨的省政务服务中心"走流程"。

在企业开办兜底服务窗口旁,看到有人正在电脑上注册公司,铁刚走上前去"陪同"办理。"注册地址现在能对应不动产管理系统了吗?监管数据和登记侧数据如何共享?告知承诺制的应用场景开发得怎么样?"铁刚边看边问。

前段时间,铁刚两次前往浙江学习商事登记改革和信息系统建设,对各部门协同办理深有感触。以当下全国商事登记改革主要抓的证照联办为例,市场监督管理局负责发放营业执照,而许可证由相应的职能部门负责。

得知证照联办已经在海南个别市县成功试点但尚未推广,刚到任两个多月的铁刚有些诧异:"这是经营主体获得感最强的事之一,为什么不干呢?"

"只要资金到位,立马就能实现。"现场有负责同志回答。

"需要多少钱?"

"50多万元。"

"这钱我来找，6月底前我们负责的17个证要实现全省证照联办。"铁刚提出要求。

"到了窗口，会看到坐在办公室看材料发现不了的问题。"一路走流程，一路找问题。临走，铁刚还是放心不下。"过两天我再来一趟，咱们把事情研究透。"铁刚看下手表，边安排边朝外走去开会了。

直面群众诉求

"今天能解决的，不留到明天。现场能解决的，不带回去"

"上个月申请接线，这次终于排上了。"4月14日上午8时50分，海南省住房公积金管理局局长周高明来到海南省综合服务热线12345办公地。

"今天能解决的，不留到明天。现场能解决的，不带回去。"3月初，周高明曾到公积金服务窗口"陪"群众办事，发现因数据壁垒，公积金系统与市场监督管理局的"e登记"对接不畅，老百姓办事要跑多次。发现问题，立即整改，当月数据打通，次月流程优化。

9点30分，电话铃声响起，周高明接通电话："您好！我是海南省公积金管理局周高明，请问有什么可以帮您？"

"为什么要先自筹资金还清商业贷款才能办理公积金贷款？"

如何 始终保持干事创业精神状态

电话里，有市民问。

"'商转公'，还有带押过户，现行政策都需要先自筹资金结清商业贷款才能办理业务。针对给市民带来的不便，我们已经做了流程再造，将原本4套不联网的系统，一个一个全都连起来。剩余待完善的环节，6月底就能完成，届时不需要自筹资金结清商业贷款，就可以办理'商转公'，二手房也能实现带押过户交易。"周高明耐心解答。

"第一时间听到群众具体诉求，有助于更精准高效做好服务，我们也会第一时间研究解决审批服务中存在的问题。"两个小时13通电话，周高明深有体会。

据介绍，经过流程再造，海南省公积金管理局5月15日已实现公积金贷款不见面审批全省覆盖，正重塑贷款结清解押流程，在防风险的同时简化流程、秒批秒办，让老百姓尽可能少跑腿、不跑腿。

截至目前，省交通运输厅、自然资源和规划厅、市场监督管理局等单位及对应的市县部门已有200多名厅局长走进12345热线现场，受理企业和群众咨询、诉求1629件，其中现场直办993件、转办636件，办结率94.72%，满意率达到96.12%。

暗访一线堵点

"只有发现真问题，才能精准整改促提升"

"师傅，您跑哪儿啊？等了多久了？"4月13日下午6点多，海南省交通运输厅厅长司迺超到海口新海港暗访。还没到港区,就瞧见路边排队等待进港的货车一辆连着一辆,他趁机上前拉话。

海南自贸港建设让琼州海峡的客货运输兴盛起来,这也使得货车过海效率低等问题愈加凸显。队伍长、挪动慢,有的司机等得着急,拐弯进港时猛踩油门,以致车身倾斜,险些酿成事故。司迺超随机记录几个车牌,之后抽调进港数据发现,许多车辆排队近1个小时。

进了港区,节奏快一些,安检50秒过一辆车,但仅有2条通道,一个小时最快也就能过130—150辆车。到缴费时又慢下来,七成以上都是运输鲜活农产品的绿通车辆,要现场抽检农药残留,还要过磅计算减免通行附加费和运费金额,又得花半个小时。

终于到购票时,明明可以进行线上支付,但一些货车司机仍习惯跑人工窗口。一打听发现,不少人都没听过"预约过海小程序",更不知道可以一站式线上支付。

边进港边观察,信息化程度不高的情况不止于此。在入港闸口,一名老师傅手里拿着10多个遥控器,听到对讲机里喊哪个闸口缴费了,就人工按钮抬杆放行几辆车。而核验是否为农产品车辆时,司机们拿一个西红柿或者一根黄瓜,再带上提货单,就当作减征免征柴油车辆通行附加费的证明。

登船查看,一二层停放渡海车辆,旅客则需要登上既陡又滑的铁台阶上到三层才能落座。一些船舶老旧,客舱简陋,同高铁飞机

如何 始终保持干事创业精神状态

相比，仅有运输功能，谈不上舒适度，更与自贸港形象相差甚远。

晚上快9点半，船要开了，司迺超结束暗访。第二天，司迺超就组织召开问题剖析会：尽管开船一个半小时就能到对岸，但是货车进港环节多、预约出行比例低，港区拥堵问题突出。

会后，一项项有针对性的举措随之出台：加大宣传，提高预约过海知晓率；制定优惠政策，调动货车预约过海和线上支付积极性；协调港航公司加快更新4艘万吨新船工作，8月底前完成新增2个安检通道计划；论证将目前的单向通航一个小时4进4出提高到6进6出，提升服务效能……

"暗访发现不少问题，下次要跟货车司机全程跑一趟。只有发现真问题，才能精准整改促提升。"司迺超说。

（周亚军 《人民日报》2023年05月19日第10版）

一张蓝图绘到底　一年接着一年干
——从浙江"千万工程"看如何树立和践行正确政绩观

走进位于浙江省台州市白塔镇的高迁村,马头翘角、白墙黛瓦,掩映在青山绿水间。三五游人流连于古村美景中,感受浙东南古村落民居的韵味。

"这阵子恰逢杨梅季,村里56家农家乐、2000个床位基本是满的。"高迁村党委书记吴海涛乐开了花。

高迁村历史悠久,历史文化资源丰富。早年文物保护意识较弱,村里一度放任村民乱建,影响了村子的整体面貌。

近年来,高迁村把"保存修护"放在首位,"保护促利用、利用强保护",对古民居修旧如旧,整治村容村貌,并与周边景区抱团发展，盘活村里的闲置资源，走上了村美民富的发展道路。

怎样对待历史文化，背后是政绩观，是发展理念。在正确政绩观指引下，历史、文化、生态成了宝贵的发展资源。

如今的之江大地，像高迁村这样的美丽乡村已由单个"盆景"连片发展成为全域"风景"，展现了一幅村美人和共富的动人画卷。

把为民造福作为最重要的政绩

纯白建筑，田连阡陌，远处楠溪江逶迤流淌……温州市永嘉县枫林镇镬炉村麦浪公园，一季小麦已完成收割，新种下的玉米、向日葵长得旺盛。不远处，麦饼工坊里飘来刚出炉的麦饼的焦香。

镬炉村此前还不是这样，由于缺少规划，私搭乱建，杂乱无章，人居环境不好，村民心气也不顺。

从哪里入手？从老百姓反映强烈的问题改起。拓宽主干道，打造麦浪公园、麦饼工坊、林间小筑、乡味博物馆等业态，成功举办开镰节、研学游等特色活动，带动村内及周边村社就业1000余人次，吸引游客5万余人，2022年村民人均年收入达4.9万元。

"村里能有今天这幅景象，关键是4条：党组织领导、村民为主体、专班抓进度、市场说了算。"村党支部书记黄少郎说。

拆改建，村里提前一周就把党员、干部拆除小屋、旱厕的信息发布到村公告栏上，随后在拆改现场召开村两委会议、村民代表大会。

"就是要通过党员、干部带头示范,让更多村民看到信心决心。"黄少郎说,因为群众工作做得早、做得好,主干道两边的32户村民全部无偿退让1.5米,有一户还主动拆除了自家合法房屋的1/3,村内主干道就此拓展到了5米。

"镬炉村的经验具有代表性。在'千万工程'推进过程中,我们坚持党建引领,充分发挥党的组织优势和群众工作优势,调动广大农民群众参与建设美好家园的积极性和创造性,使'千万工程'成为广大农民的自觉行动,实现从'要我建设美丽乡村'到'我要建设美丽乡村'的转变。"温州市委组织部副部长赵晓奔说,实践表明,千难万难依靠群众就不难,党员、干部站稳人民立场,干在先、走在前,把好事实事办到群众心坎上,群众就会心热起来、行动起来,乡村振兴就有了源源不断的内生动力。

农村工作千头万绪,抓什么、怎么抓,体现的是政绩观。人居环境,直接关系老百姓幸福指数。

浙江省乡村振兴研究院首席专家、原浙江省农办副主任顾益康,亲历了"千万工程"实施至今的全过程。顾益康随时任浙江省委书记习近平同志下乡调研时,习近平同志的一席话让他记忆犹新:"要把农村人居环境整治工作放在非常重要的位置,这是涉及民生的大事。我们生活在城市的小区里,如果生活垃圾成堆,我们会是什么感受?这个事情,一家一户做不起来,必须党委政府去抓去做。"

浙江的农村以前什么样？老百姓有顺口溜："室内现代化、室外脏乱差""晴天尘土飞扬、雨天污水横流"。

如今什么样？全省农村生活垃圾基本实现"零增长""零填埋"，规划保留村生活污水治理覆盖率100%，农村卫生厕所全面覆盖。

人居环境的改善是一个写照。在"千万工程"推进过程中，这样的例子随处可见：为民造福是出发点，也是落脚点。

真心为民造福，赢得衷心点赞。"千万工程"被当地农民群众誉为"继实行家庭联产承包责任制后，党和政府为农民办的最受欢迎、最为受益的一件实事"。

创造经得起实践、人民、历史检验的实绩

丽水市缙云县仙都街道鼎湖村，依山傍水，紧邻景区。绵绵细雨中，村民刘朝勇正在自家的农家乐忙着招呼游客用餐。环境优美的农家小院，吸引了不少游客前来休闲度假。

山多田少、交通不便，曾经的鼎湖村人靠种田采石为生，走的是旮旯路，过的是穷日子。

2003年，鼎湖村成为缙云县第一批"千村示范、万村整治"示范村，开始了一场"美丽革命"。先做减法，改厕、治污、回收垃圾，形象为之一变；再做加法，挖掘文化内涵，打造瓯江山水诗路廊道和轩辕文化街，发展"乡愁富民产业"。同时，将村集体约

300亩山地、林地发包后，打造成鼎湖峰景区的"仰峰洲"景点，并依托景区收取商铺租金、影视拍摄场租费等，为村集体每年增收超50万元。

山还是原来的山，水还是原来的水，但生活在山水间的人，靠着村庄变景区、农房变客房、资源变资产，过上了更美好的生活。

"理念一变天地宽，环境能当饭来吃！"鼎湖村党总支书记刘金彪不禁感慨。

"在缙云，像鼎湖村这样的美丽乡村各美其美、美美与共。"缙云县委组织部部长闵柯介绍，"为探索将生态优势转化为产业优势、经济优势、发展优势的新路径，我们结合基层党建'百县争创、千乡晋位、万村过硬'工程，充分挖掘村庄发展生态优势，积极探索创新村企合作共建模式，开展'寻找乡村共富合伙人'活动，计划通过3年时间，打造一批党建引领示范强、集体经济发展强的'双强'示范村。"

2006年，时任浙江省委书记习近平同志在丽水调研时指出，"绿水青山就是金山银山，对丽水来说尤为如此"。

做好从"绿水青山"到"金山银山"的转化，离不开政策的支持。2013年11月，浙江省委明确将丽水作为践行"绿水青山就是金山银山"理念的先行区和试点市，明确对丽水不再考核GDP（地区生产总值）和工业总产值两项指标；2019年，丽水成为生态产品价值实现机制试点市，以GEP（生态系统生产总值）核算为切入点，建立 GDP 和 GEP 双核算、双评估、双考核机制，形成一系列生态产品价值核算以及交易制度体系。

经过不懈探索，丽水在山水间求发展，构建起"丽水山耕""丽水山泉""丽水山居""丽水山景""丽水山路"等"山"系品牌，以独具山区特色的生态优势为依托，探索出生态产品增值溢价的市场化路径。

在浙江，"让绿水青山源源不断地带来金山银山"的故事不断上演。村庄整治，补足了发展短板，盘活了特色资源，发展优势就显现出来，乡村旅游、养生养老、文化创意等农村新业态就势发展，"绿水青山就是金山银山"，有了清晰的转化通道。

截至 2022 年底，全省创建美丽乡村示范县 70 个、示范乡镇 724 个、风景线 743 条、特色精品村 2170 个、美丽庭院 300 多万户，形成"一户一处景、一村一幅画、一线一风光"的发展图景；目前，全省村级集体总资产 8800 亿元，集体经济收入 30 万元以上且经营性收入 15 万元以上行政村占比 85% 以上。

"千万工程"实施以后，农村面貌的今昔对比、带来生产生活的巨大变化，根本上反映的是发展理念的变化、发展方式的转化。

在这一过程中，如何正确处理速度和质量、发展和环保、发展和安全等重大关系，不断考验领导干部的政绩观。

"很多东西，眼前看是好的，今后看未必是好的；有些东西眼前看没有什么价值，但今后看可能就是无价之宝""必须懂得机会成本，善于选择，学会扬弃，做到有所为、有所不为""既要经济指标的 GDP，又要绿色的 GDP"……在浙江工作期间，习近平同志的一系列论述，为解决一系列发展中遇到的问题给出答案。

浙江大学中国农村发展研究院院长钱文荣认为，"千万工程"是对浙江农村发展方式、发展路径、发展动能的一次深层次、全方位、整体性的变革重塑，这其中，如何处理稳和进、立和破、近和远等关系，蕴含着发展理念的变革，政绩观的升华。

久久为功，以钉钉子精神抓落实

杭州市西湖区外桐坞村，以产西湖龙井茶闻名。站在连绵起伏的茶山上，党总支书记张秀龙细数村子 10 多年来的"四级跳"——

2005 年，摘得"省级卫生村"荣誉；2010 年，启动风情小镇建设，大规模市政基础设施入户，艺术家开始来村里长住；2015 年，继续提升改造，拆围墙、建庭院，游客纷至沓来；2022 年，被列为省级未来乡村提升项目，继续微调、改造，文旅融合发展……

2022 年，外桐坞村集体可用资金 650 万元，村民人均年收入达 7.3 万元。

"'千万工程'推进一步，我们就紧跟一步，一步一个脚印。如今的阶段，我们的重点是完善乡村服务能力，在泥土气息和人文内涵上做文章。"张秀龙说。

一个村折射的是千万个村。"千万工程"实施 20 年来，浙江党员、干部持续接力干，围绕总体设计结合实际狠抓落实，不断向前推进。

村庄的布局规划，要看长远。2003年9月24日，全省"千村示范、万村整治"工作座谈会上，时任浙江省委书记习近平同志提出要求："搞规划要克服短期行为，避免造成前任的政绩、后任的包袱，前人修路建房、后人挖路拆房。"

浙江农林大学浙江省乡村振兴研究院执行院长潘伟光认为，"千万工程"之所以成功，很重要的一点是规划先行。各地因地制宜，从实际出发，讲究实用性与艺术性相统一，历史性与前瞻性相协调，城乡一体编制村庄布局规划，因村制宜编制村庄建设规划。

规划要挂在墙上，还要"铺"到地上，没有坚持、不重执行，再好的规划也是空的。

20年来，浙江建立党政"一把手"亲自抓、分管领导直接抓、一级抓一级、层层抓落实的工作推进机制，按省内最高规格，每年召开"千万工程"高规格现场会，每5年出台1个行动计划及相关政策意见，推动"千万工程"持续深化、层层递进——

2003年至2010年，"千村示范、万村整治"示范引领，综合整治村庄环境，推动乡村更加整洁有序；

2011年至2020年，"千村精品、万村美丽"深化提升，推动乡村更加美丽宜居；

2021年至今，"千村未来、万村共富"迭代升级，形成"千村向未来、万村奔共富、城乡促融合、全域创和美"的生动局面。

浙江省委组织部相关负责人介绍，在"千万工程"推进过程中，浙江历届省委鲜明树立大抓基层、重抓"三农"的导向，压实各级党委特别是五级书记责任，健全乡村振兴实绩考核、领导干部包乡走村、县乡村工作交流会等制度，以责任压实牵引工作落实，推动全省上下久久为功，把潜绩抓成了最大的显绩。

农村基层党组织是党在农村全部工作和战斗力的基础。从"千万工程"到乡村振兴，党在农村的各项工作任务，最终要靠农村基层党组织来落实。

20年来，浙江坚持把加强党的领导作为抓好"千万工程"的关键，实施基层党组织"先锋工程"和"堡垒指数"管理，高标准落实农村党建"浙江二十条"，大力实施"红色根脉强基工程"，深化"百县争创、千乡晋位、万村过硬"工程，强化抓党建促乡村振兴，有力推动农村基层党建全面进步、整体提升。

近日，浙江省委、省政府印发坚持和深化新时代"千万工程"有关文件，其中，对强化党建引领作出一系列部署——

突出抓基层、强基础、固基本工作导向，开展"红色根脉"强基示范县乡村创评，深化"县乡一体、条抓块统"改革，健全乡镇党委统一指挥、统筹协调机制；

加强党组织对村级自治组织、集体经济组织等的领导，对软弱后进村和重点复杂村实行"一村一策"整固提升；

如何 始终保持干事创业精神状态

健全省市县三级联动的基层带头人培训体系、课程体系、学制体系、考评体系,把"千万工程"经验作为教学培训的重要内容,加快提升党员干部能力素质;

实施乡村"绿领"人才培育计划,深化十万农创客培育工程,完善基层农技人员、乡村卫生人员、农村学校教师定向培养工作机制;

……

20年久久为功,"千万工程"创造了接续奋斗不停歇、锲而不舍抓落实、一张蓝图绘到底的典范。踏上新征程,浙江广大党员、干部正在守正中砥砺创新,以实干绘就"千村引领、万村振兴、全域共富、城乡和美"的新画卷。

(赵成 李林蔚 《人民日报》2023年06月27日第19版)

第一编
以正确政绩观引领干事创业

匡正干的导向,增强干的动力,形成干的合力
——在以学促干上取得实实在在的成效

理论的价值在于指导实践,学习的目的全在于运用。

习近平新时代中国特色社会主义思想是推动新时代伟大实践、引领新时代伟大变革的强大思想武器,为全面建成社会主义现代化强国、以中国式现代化全面推进中华民族伟大复兴提供了科学理论指引。以"学思想、强党性、重实践、建新功"为总要求,学习贯彻习近平新时代中国特色社会主义思想主题教育正在全党深入开展。

"各级党组织要教育引导党员、干部落实'重实践'要求,坚持学思用贯通、知信行统一,匡正干的导向,增强干的动力,形成干的合力,在以学促干上取得实实在在的成效。"习近平总书记近

如何 始终保持干事创业精神状态

日在江苏考察时,围绕"以学促干"提出明确要求,强调"树牢造福人民的政绩观""鼓足干事创业的精气神""形成狠抓落实的好局面"。

当前,各地区各部门各单位认真学习领会、深入贯彻落实习近平总书记重要讲话精神,教育引导广大党员、干部坚持以学促干,以强化理论学习指导发展实践,以深化调查研究推动解决发展难题,把主题教育成果转化为积极担当作为、不断开创事业发展新局面的具体实践。

立导向:把为民造福作为最重要的政绩

人民立场是中国共产党的根本政治立场,为民造福是立党为公、执政为民的本质要求。

习近平总书记始终要求全党不忘初心、牢记使命,始终把人民放在心中最高位置,把为民造福作为最重要的政绩。党的二十大报告系统阐述了习近平新时代中国特色社会主义思想的世界观、方法论和贯穿其中的立场观点方法,"必须坚持人民至上"排在"六个必须坚持"的首位。

主题教育中,各地区各部门各单位教育引导广大党员、干部深刻把握"必须坚持人民至上"等党的创新理论的立场观点方法,树牢造福人民的政绩观,把惠民生、暖民心、顺民意的工作做到群众心坎上。

"一直犯愁恶性肿瘤术后用药报销太少,看到省医保局开通了反馈渠道,我立刻把问题反映上去,没想到第二天就收到了反馈。"居住在外地的安徽省直参保人卢先生说。

群众反馈渠道有哪些?群众诉求响应是否及时?聚焦群众急难愁盼问题,安徽省医保局建立"快受理、快核查、快处置、快整改、快报告、快回访"的"六快"工作机制,要求收到问题后2日内完成一线核查,7日内对群众进行回访。

为推动解决民生难题、办好民生实事,安徽积极构建"省级总统揽、广泛集民声、快速解难题、跟踪抓督办、源头大治理"的"民声呼应"工作平台体系,每周从人民网"领导留言板"、省12345政务服务便民热线、省长信箱等平台遴选集纳群众反映集中的问题诉求,建立转办、督办、评价、反馈的闭环机制,探索形成解决民生问题的长效机制。在"民声呼应"机制的推动下,安徽已解决群众急难愁盼问题1.6万多个。

"践行宗旨为民造福"是这次主题教育的五个具体目标之一。锚定这一目标,广大党员、干部聚焦主责主业,从群众急难愁盼问题入手开展调查研究、抓好整改落实,努力把惠民生的事办实、暖民心的事办细、顺民意的事办好。

江西省水利厅组织开展"百个支部办百件实事"活动,积极回应民生诉求,列出157件实事清单,已办理完成近百件;

湖南省发改委聚焦69.4万名易地搬迁群众和2460个集中安置

点，开展第一批次易地搬迁后续扶持全覆盖巡查检查，切实有效解决群众最关心的问题；

中国石油将加油站厕所整改整治纳入问题清单，制定专项整治方案，全面推进加油站功能升级、服务升级；

…………

树牢造福人民的政绩观，要求党员、干部牢牢把握高质量发展这个首要任务，以功成不必在我的精神境界和功成必定有我的历史担当，多做功在当代、利在长远、惠及子孙之事。

"针对举债搞'半拉子工程'等问题，采取加强政绩观教育、梳理审视评估、清单化推进整改、加大督促检查力度、建立健全长效机制5项措施，7月底前通过完善手续、复工续建、市场盘活、司法处置、依法依规拆除等进行分类处置；8月底前组织省发改委等部门组成联合检查组对各地整改推进情况开展整改效果检查，确保问题得到有效解决……"

紧盯政绩观错位产生的突出问题，辽宁组织省发改、住建等部门认真研究制定专项整治方案，明确各部门分工和协作职责抓实整改，确保专项整治有序推进、取得实效。

以主题教育为契机，各地坚持问题导向，全面梳理评估，按照党中央统一部署，针对违反客观规律大干快上等问题开展专项整治，切实解决少数干部重当前轻长远等问题，推动广大干部牢固树立和践行正确政绩观。

第一编
以正确政绩观引领干事创业

增动力：提振锐意进取、担当有为的精气神

干事担事，是干部的职责所在，也是价值所在。我们党百年奋斗的伟大成就都是党团结带领全国各族人民拼出来、干出来的，要把党的二十大描绘的宏伟蓝图变成现实，仍然要靠拼、要靠干。

良好的精神状态，是做好一切工作的重要前提。习近平总书记要求党员、干部"鼓足干事创业的精气神，恪尽职守、担当作为，迎难而上、敢于斗争，严肃整治拈轻怕重、躺平甩锅、敷衍塞责、得过且过等消极现象，完善担当作为激励和保护机制"。

"过去来往前海和香港需要多次换乘，单程3个多小时，如今，搭乘跨境巴士，从家门口到办公室只需不到2小时，来前海工作生活的体验感大大提升！"一名在广东深圳前海工作的香港青年说起来满是欢喜。

回应群众对更加便捷的跨境交通的诉求，深圳市前海管理局与市场主体合作，开通前海往返香港的跨境巴士，截至2023年6月30日，已服务乘客超过7000人次。同时，深圳研究制定系列文件，以制度保障港澳青年就业创业、住房租赁、前海开发开放、海洋发展等重点工作。

广东在主题教育中扎实开展"破难题、促发展"攻坚行动，围绕粤港澳大湾区、深圳中国特色社会主义先行示范区"双区"和横琴、前海、南沙三大平台建设等重点任务，厘清影响和制约高质量

如何始终保持干事创业精神状态

发展的问题短板及其根源，凝心聚力集中攻坚。

新征程上，面对错综复杂的国际国内形势、艰巨繁重的改革发展稳定任务、各种不确定难预料的风险挑战，尤其需要党员、干部敢于斗争、善于斗争，依靠顽强斗争打开事业发展新天地。

盛夏时节，雄安大地，林立的塔吊如时针转动，见证着项目建设不断刷新的"进度条"。

河北雄安新区容西片区，由中建三局承建的某安置房及其配套设施项目52栋住宅楼封顶在即。涉及7000多名群众的安居，质量容不得丝毫马虎。该项目党支部坚持以学促干，每周固定开展支部学习，引导党员、干部提高政治站位，强化职责使命，高质量、高标准开展工作。

"我们成立党员突击队与创新工作室，党员比学赶超、攻坚克难，创新30余项施工工艺，真正把'雄安质量'贯穿工程建设的全方面、各环节。"项目党支部书记说。

多地持续高温，让电煤市场需求旺盛。国铁集团郑州局围绕解决电煤运输中"煤等车"和"车等人"现象开展调研，通过全面加强与煤炭企业、下游电厂之间的沟通对接，准确掌握管内电厂运输需求，提高组织效率，有力保障了迎峰度夏电煤供应充足。

攻坚克难，离不开完善的担当作为激励和保护机制。积极营造有利于干事创业的良好环境，敢于为担当者担当、为负责者负责、为干事者撑腰，才能让愿担当、敢担当、善担当蔚然成风。

第一编
以正确政绩观引领干事创业

"当好一名招商引资'勤务员',不仅要懂产业经济、政策业务、企业经营,还要跑得勤,扎实做好项目全生命周期服务,推动招引项目快速落地、投产、达产。"近日,在一场"爱拼敢赢说担当"宣讲活动中,泉州市泉港区招商办的一名同志分享了招商引资经验。

福建把实施"深学争优、敢为争先、实干争效"行动作为开展主题教育的重要抓手,出台《关于深化激励干部担当作为工作的通知》,推出20条政策措施,有力激发了干部干事创业的干劲活力。

松绑减负,让基层干部轻装上阵。中央层面整治形式主义为基层减负专项工作机制会议在京举行,中央纪委国家监委对10起加重基层负担的形式主义、官僚主义典型问题进行公开通报,各级党组织将整治形式主义为基层减负作为主题教育的重要内容扎实推进,涵养真抓实干、担当作为的时代新风。

动真碰硬,推动能者上庸者下。多地制定出台推进领导干部能上能下实施细则,结合本地实际,细化干部不适宜担任现职的情形,加大"下"的力度,倒逼干部敢于担当、积极作为。

容错纠错,不让担当者流汗又流泪。浙江出台《浙江省深化落实"三个区分开来"要求健全容错纠错机制激励干部担当作为实施办法》,并开展集中澄清月活动;湖北武汉市纪委监委出台纪检监察机关推进和规范容错纠错工作的若干措施,确保容错纠错客观公正……

如何 始终保持干事创业精神状态

坚持严管和厚爱结合、激励和约束并重，坚持"三个区分开来"，各地在主题教育中进一步明确导向、健全机制，让广大党员、干部更加相信组织、依靠组织，心无旁骛、真抓实干。

聚合力：精心聚力、驰而不息狠抓落实

一分部署，九分落实。抓落实，是党的政治路线、思想路线、群众路线的根本要求，也是衡量领导干部党性和政绩观的重要标志。

习近平总书记强调："不注重抓落实，不认真抓好落实，再好的规划和部署都会沦为空中楼阁。"把党的二十大描绘的宏伟蓝图变成美好现实，需要各级领导干部求真务实、真抓实干。

主题教育中，各地区各部门各单位教育引导广大党员、干部从习近平新时代中国特色社会主义思想中汲取奋发进取的智慧和力量，熟练掌握其中蕴含的领导方法、思想方法、工作方法，不断提高履职尽责的能力和水平，推动中国式现代化取得新进展新突破。

"在哪里查询公司注册进度？""成立小区业委会有哪些流程？"……在四川成都，企业群众的急难愁盼问题被统一收集、形成涵盖超过4万条信息的智能搜索问答服务知识库。

连日来，成都市政务服务管理和网络理政办公室聚焦企业群众办事咨询问题解决率低、满意率不高等问题开展调查研究，并采取一系列针对性举措，持续提升全市政务服务"一网通办"能力。智能搜索问答服务知识库日均问答量已达上千次，问题有效解决率明

显提高。

为推动形成狠抓落实的良好局面,成都指导各单位健全"学习调研先行、规划完善引领、项目攻坚促进、智慧赋能支撑、终端问效检验"的闭环落实机制,同时,分类找准问题,建立完善问题清单梳理汇总、动态更新和分级审核机制,解决突出问题。

各地区各部门各单位把制度建设摆在突出位置,建立健全抓落实的闭环工作机制,确保分工明确、责任到人,形成抓落实的合力。

江苏印发《高水平建设农业强省行动方案》,江苏省农业农村厅将34项重点任务分解为110项具体工作,加大推进落实力度;

黑龙江省纪委监委督促全省纪检监察机关全面梳理完善已有制度,着力打通制度堵点,并对各地各部门建章立制工作及时督导指导、提示提醒,纠正认识偏差,推动精准落地,截至目前,共优化内部工作流程69个,健全日常管理监督制度180项;

…………

抓改革、促发展、谋创新、护安全,干任何事都需要毅力与韧劲。工作中遇到的问题越复杂、矛盾越突出,越要以钉钉子精神抓落实,一锤接着一锤敲,锲而不舍、久久为功,将党中央的决策部署落到实处。

"传承弘扬'浦江经验',就要深入矛盾'窝'里开展调查研究,瞄着问题去、追着问题走、迎着问题上、盯着问题抓,把落脚点放在'事要解决'上。"浙江宁波市信访局有关负责人说。

如何 始终保持干事创业精神状态

宁波将信访积案"拔钉清零"行动作为重要抓手，深入开展"大走访大调研大服务大解难""联镇街入村社、走企业访群众"等活动，主动走访群众，和群众同坐一条板凳、同围一张桌子，扑下身子查找原因、剖析症结、系统施策、科学化解矛盾。全市地毯式摸排归集1233件信访积案，截至2023年6月底已累计化解1180件，综合化解率达95.7%。

凝心聚力促发展，驰而不息抓落实。在经济建设主战场、在科技创新最前沿、在为民服务第一线，广大党员、干部坚持不懈用习近平新时代中国特色社会主义思想凝心铸魂，聚焦主责主业真抓实干、担当作为，在推进中国式现代化伟大实践中不断书写新辉煌、创造新业绩。

（赵成　吴储岐　李林蔚

《人民日报》2023年07月23日第01版）

党员干部、专家学者谈树牢为民造福的政绩观——
实实在在为人民干实事谋幸福

2023年7月初,习近平总书记在江苏考察时强调:"树牢造福人民的政绩观,坚持以人民为中心的发展思想,坚持高质量发展,不搞贪大求洋、盲目蛮干、哗众取宠;坚持出实招求实效,不搞华而不实、投机取巧、数据造假;坚持打基础利长远,不搞急功近利、竭泽而渔、劳民伤财。"

党的十八大以来,围绕政绩为谁而树、树什么样的政绩、靠什么树政绩等问题,习近平总书记发表一系列重要论述。政绩观正确与否,不仅影响到干部个人的健康成长,更关系到党和人民事业发展。我们邀请党员干部和专家学者围绕党员、干部如何树立和践行

如何 始终保持干事创业精神状态

正确政绩观展开讨论。

把为民造福作为最重要的政绩

记者：一项工作从决策、实施到落地要经历很多环节，该如何把以人民为中心的发展思想贯穿其中？

杨卫东（浙江湖州市委常委、安吉县委书记）：共产党是为民办实事的，没有为民情怀，工作不可能干好。安吉是浙江省定的共同富裕现代化基本单元试点，尤其要把让老百姓有实实在在的获得感，作为全部工作的评判标准。我们正在推进资源、资产入股和农民拿租金、挣薪金、分股金的"两入股三收益"机制，实施共同富裕"十百千万"工程，推广"全民参保"，构建"六无六有"综合救助体系，就是要全方位改善村社造血功能，筑牢共同富裕的基石。

马占文（山西右玉县委书记）：坚持正确的政绩观就要始终以人民为中心，顺应群众愿望和需求，带领人民不断创造幸福美好的新生活。对右玉的群众来说，治理荒漠、改善生存环境是最大的需求。70多年来，右玉历届县委换班子不换方向，换领导不换目标，一任接着一任、一届接着一届，团结带领全县人民植树造林、绿化山川，涌现出了许许多多的"树书记""林局长"。右玉无边无尽的绿色，就是共产党人写在锦绣大地上的政绩，是历届县委留下的最美底色。

王东仓（中国延安干部学院教学科研部副主任、教授）：要全过程体现以人民为中心的发展思想，决策先要体现民意。通过交流座谈、基层调研等多种方式，倾听人民群众的意见，汇集各方智慧，使政策制定更加符合人民利益、符合实际情况、符合客观规律。其次是执行倾听民声。执行政策是行使国家权力、维护人民利益的过程，需要深入基层、深入群众、深入一线，全过程原汁原味听取群众声音。落地要深得民心。政策成效如何，关键看是否说百姓话、办百姓事、解百姓难，是否把暖民心作为根本出发点、把群众的关切作为着力点、把群众的满意度作为评价标准。

记者：实际工作中，该怎么尊重人民首创精神，做到紧紧依靠人民？

陈稳（江苏张家港市南丰镇党委书记）：人民群众中蕴藏着无穷的创造潜力和聪明才智。党员干部要常到一线，问需于民、问计于民，充分挖掘群众的好做法、好经验，不断将群众的智慧上升为施政良策。南丰镇正在推行一体化议事机制，就是通过灵活采取楼道邻里议、田间地头议、农户庭院议等"接地气""冒热气"的形式，引导群众把"问题晒在阳光下""心结摊在桌面上"。共商共议，激发群众自治内生动力。比如电动车消防安全问题，我们就邀请了"两代表一委员"、网格长、专职网格员、物业人员、群众代表等共聚一堂，通过网格议事平台群策群力、"问诊开方"。最终商定在年丰新村增设25处电动车充电桩，计划于年内全部投入使用。群众的提议被充分吸收，如充电桩安装选在小区内不遮挡底层居民采光、不大面积破坏绿植绿化、不占用消防安全公共通道的合适位置，采用"扫码+刷卡"相结合的付费方式提供平价充电服务。因为决策过程充分发扬民主，实施过程也非常顺利，为民办实事真正办到了心坎上。

完整、准确、全面贯彻新发展理念

记者：实践中，如何处理当前和长远利益，怎样算大账、综合账？

杨卫东：当前和长远辩证统一，眼光放长远，大势才看得清，问题才看得准，方向才辨得明，这一点在生态文明建设上体现得尤为充分。作为"两山"理念诞生地，安吉长期坚持算生态账，算出了如今的良好发展态势。我们必须不断增强"生态立县"战略定力，着力做好"生态+产业""生态+科技""生态+平台"三篇大文章，加快在绿水青山间布局新能源、新材料、新零售、新教育、新服务等低能耗和零污染的新经济产业，努力让安吉的"绿色颜值"源源不断地转化为"金色价值"。

记者：习近平总书记强调，"不要有大干快上的冲动，也就是不能不按规律办事，急功近利、急于出成绩"，该如何理解并落实？

马占文：发展必须是遵循经济规律的科学发展，必须是遵循自然规律的可持续发展。大干快上、急功近利，是不遵循客观规律的表现。右玉是资源大县，本可以走资源捷径，但右玉顶住了压力，不走捷径、踏踏实实，一张蓝图绘到底，在实践中蹚出了一条人与自然和谐共生的绿色发展之路，绿色生态成了右玉最大的财富。如今，右玉正深入践行习近平生态文明思想，推动山水林田湖草沙一体化保护和系统治理，稳步推进扩绿、持续推进减污、扎实推进降碳，让良好生态更好地支撑右玉高质量发展、更多地造福右玉人民。

陈稳：一些领导干部之所以产生"政绩冲动"，很大程度上是因为政绩观出现偏差。领导干部如果私心太重，光想着提拔，只对上负责，就容易跑偏走歪，头脑发热、急功近利。这些年，南丰镇坚持打基础、利长远，谋划推动高质量发展，在项目招引过程中，拒绝了不符合产业链配套和环保要求的项目20余个。

实干担当抓落实，力戒形式主义、官僚主义

记者：干部敢担当、善作为才能因地制宜、创造性地抓落实。当前应如何更好激励干部担当作为？

杨卫东：实绩论英雄，干部敢争先。要坚决破除干多干少一个样、干好干坏一个样、干与不干一个样等问题。安吉这两年选派120余名干部组成"尖刀班"赴一线招商，动员800余名干部参与城市有机更新行动；建立了"千里马发现机制"，在工作一线上选出一批"老黄牛""千里马""领头雁"干部，有效激发了各级干部的工作热情。

记者：落实党中央决策部署，如何既做到不折不扣落实又能结

合实际创造性落实？

陈稳：不折不扣落实，不是上下一般粗，要尊重人民主体地位、尊重群众首创精神、鼓励创造创新、允许差异化多元化尝试。为真正惠民惠企，南丰推出"红色丰巢、直达快办"党建服务项目，构建起上下贯通的政务服务体系。2023年5月，又开展"综合查一次"执法检查，统筹执法力量和执法资源，将原先多个执法部门的多头检查、重复检查合并成"进一次门、查多项事、一次到位"，推动企业减负和营商环境的持续优化。

记者：形式主义、官僚主义是抓落实的大敌，有没有行之有效的举措？

王东仓：形式主义、官僚主义是大敌也是顽疾，必须综合施策，久久为功。一是加强党性教育，教育引导广大干部坚持实事求是，摒弃哗众取宠。二是加强调查研究，提升透过现象看本质的能力。三是改进督查检查，主要看"疗效"，反对看"广告"。四是强化群众监督，坚持对上级负责与对群众负责的一致性。五是持之以恒反"四风"，前瞻性思考、系统性谋划、整体性推进，以"咬定青山不放松"的劲头进行持久战。

（孟祥夫　刘鑫焱　《人民日报》2023年08月22日第19版）

第一编
以正确政绩观引领干事创业

湖北创新领导干部领学促学机制——
将学习成果转化为干事创业强大动力

2023年以来,湖北省坚持以"一把手"领学促学,创新举办全省市厅级主要领导干部专题培训班,市州党委书记谈认识、讲体会、定方向;各市州举办相应层级的主要领导干部专题培训班,县(市、区)委书记讲思路、明举措、抓落实,推动党的创新理论武装走深走实、党的二十大精神落地见效。

领学促学,"一把手"上讲台

"我们牢牢把握科技和产业变革带来的机遇,全面融入数字、智能、低碳的发展大潮,依靠科技创新实现传统产业的结构调整和

如何 始终保持干事创业精神状态

产业升级……"2023年9月2日，武汉市厅局级领导干部专题培训班举办，授课人是一位区委书记。

主课堂讲得生动透彻，分课堂听得津津有味——武汉市四套班子成员、厅局级主要负责同志在主课堂现场参训，各区四套班子成员、区直部门和街道（乡镇）党政主要负责同志等在分课堂线上聆听。

"讲台就像'赛马场'，增强了学习的内生动力。"这位区委书记说。为了讲好在全市的这堂课，他多次与班子成员讨论，修改完善讲稿，展开深入调研，确保情况摸得清、问题找得准、学习领悟透。

2023年以来，湖北相对固定地选取每周四下午半天时间，组织举办全省市厅级主要领导干部专题培训班，作为主题教育理论学习的重要方式。省委省政府主要负责同志带头讲、市州党委主要负责同志全员讲，以讲促学、以讲督学，营造出互学互鉴、比学赶超的浓厚氛围。

对于一些领导干部来说，这样的登台授课还是头一次。怎么才能讲出水平、讲出特色？不少领导干部直言："本领恐慌，压力很大"。

"核心就是要深入领会党中央决策部署及省委工作要求，从中找准市级层面抓落实的具体路径，以理论上的清醒保证政治上的坚定、行动上的坚决，有力推动党的二十大精神落地生根。"一位登台授过课的市委书记说。

2023年8月24日，黄冈市围绕乡村振兴战略和现代化建设，结合本市发展思路和重点任务，在省一级培训班作专题交流。课程开门见山，点出基本市情、主要问题、发展思路等。短短一个半小时，将当前面临的困难、机遇讲得实在，参训的领导干部听得认真、收获很大。

满满的干货，源于深入的学习和充足的准备。2023年2月起，黄冈市认真贯彻落实党中央关于高质量发展的重大决策部署，结合省委关于流域综合治理和统筹发展、建设全国构建新发展格局先行区等工作要求，通过深入调查研究、举办高质量发展大讲堂、组织外出学习考察、召开专题会和现场会等举措，形成了高质量发展的基本思路。

截至目前，湖北已有13名市州党委书记在省一级培训班登台授课。在"一把手"的带动下，各市州举办厅局级、县处级、乡科级主要领导干部专题培训班，通过组织领导干部上讲台，形成层层学习领会、层层狠抓落实的良好局面。

互学互鉴，找准自身发展定位

年销售花岗岩板材超过1.5亿平方米、产值300亿……石材产业是麻城的支柱产业之一。在推动高质量发展中，如何找准自身的定位？

如何 始终保持干事创业精神状态

"坚持以供应链思维改造产业体系，促进对外开放，主动加入经济大循环。"省一级培训班上，黄冈市提出推动工作的几个导向，让麻城市委主要负责同志深受启发："要转变过去硬拼资源环境的产业发展方式、蛮拼成本的招商引资方式、豪拼经济实力的城乡建设方式，推进理念更新、动力转换、模式转变。"

厘清了发展思路，推动工作就能事半功倍。麻城积极围绕汽车零部件、电子信息等产业延链补链强链，吸引了一批产业链上下游企业相继投资落户。

不仅台下听课启发思路，还要上台讲课谋划发展。不少县（市、区）委书记既是省一级培训班的学员，又是市一级培训班讲课的主角，学习、消化、吸收的闭环链条进一步打通。

在黄冈市县级领导干部专题研讨班上，市委常委围绕牵头负责的7个重点专题分别讲授辅导，每名常委讲授结束后，10名县（市区）委书记依次上台谈落实举措，现场打分、公开晒分。

就"推进农业转型升级"专题，罗田县委主要负责同志结合所学和工作实际进行深度思考，提出大力发展特色农业、集中力量做好农业产业体系化建设的发展思路，在现场取得了不错的成绩。

找准定位，才能真正做到思路清、方向明。"让该干什么的地方干什么"，是这次受访领导干部反复提到的一句话。

"2020中国最具生态竞争力城市""国家生态文明建设示范区"……宜昌的不少城市标签都与长江大保护密切相关。

在省一级培训班上,宜昌市以"深入推进流域综合治理和统筹发展加快建设长江大保护典范城市"为题作了专题交流,回答了宜昌应该担当什么角色、承担什么职能、必须干好什么等问题。

"加强发展战略的空间统筹,构筑典范城市的理想空间格局""划定刚性管控底图,守牢典范城市的生态屏障""强化主城引领,提升典范城市的功能品质"……授课内容紧紧围绕"建设长江大保护典范城市"这一目标,对各方面工作任务进行了细化拆解。

以学促干,树立狠抓落实导向

学习的目的全在于运用。检验培训成果如何,关键还要看抓落实是否到位。

2023年是武汉光谷成立35周年。3月底,在省一级培训班上,武汉市提出要"加快推进光谷科创大走廊建设"。7月29日,在市一级培训班上,东湖高新区又阐释了具体思路举措。

"培训处处体现着狠抓落实的鲜明导向。'一把手'亲自上台,紧贴工作实际谈思路、讲举措,围绕蓝图、规划图制定施工图、路线图,是一次紧密联系实际的经验分享。在交流过程中,我们也收获了大量抓工作、促落实的'金点子''硬举措'。"一位东湖高新区干部说。

培训结束后,东湖高新区坚持靶向施策、集中攻坚,针对产业链缺链、少链的问题,推出"世界光谷"全球产业合伙人计划,

如何始终保持干事创业精神状态

制定全产业链发展方案；针对科技、产业"两张皮"，探索构建以用为导向的科创供应链体系，形成"需求挖掘—归集分类—供需匹配—实施推进—跟踪服务—评估反馈"的闭环链条。

如何把蓝图一步一个脚印变为现实？怎样把省、市的规划部署落实到区县一级？作为省一级培训班分课堂的学员，宜昌市猇亭区委主要负责同志颇有感触："关键是要在大局中找到自身发展的着力点，以学促干、狠抓落实。"

结合本区实际，猇亭区锚定建设"长江大保护典范城市先导区"的目标，在生态保护、产业升级、创新驱动等方面积极探索：建设流域综合治理智慧平台，对每个单元流域和管网出口进行实时监测、自动预警、溯源分析，实现了"一图感知、一网调度、一体联动"；深入实施"科技领军企业提升、专精特新企业倍增、高新技术企业成长"三项行动……

学习贴合实际，落实更有动力。"通过同台比学习、晒思路、亮业绩，领导干部对党的二十大精神的学习理解更深入了，谋划工作的思路更清晰了，推动高质量发展的举措更实了，真抓实干的劲头更足了。我们要持续推动学习成果转化，在日常考核、巡视督查、专题调研中，加强对学习成果转化情况的了解和考核，汇聚起干事创业的强大动力。"湖北省委组织部有关负责人说。

（李林蔚 《人民日报》2023年11月14日第19版）

第二编
把敢为善为的干部选好用好

围绕"五个自觉"
高质量开展中青年干部教育培训

习近平总书记在2024年春季学期中央党校（国家行政学院）中青年干部培训班开班之际作出的重要指示，站在全局和战略高度，阐明了年轻干部队伍建设的极端重要性，为广大年轻干部指明了"五个自觉"的努力方向，对各级党组织抓好后继有人这个根本大计提出了明确要求。习近平总书记的重要指示具有很强的政治性、思想性、指导性、针对性，为年轻干部健康成长提供了行动指南，也为做好年轻干部教育培训工作提供了科学指引。我们要深入学习贯彻习近平总书记关于党校工作的重要论述，特别是在六次中青年干部培训班开班式上的重要讲话，深入抓好重要指示的贯彻落实，

如何 始终保持干事创业精神状态

紧紧围绕"五个自觉"不断加强和改进办学治校各项工作，更好践行"为党育才、为党献策"的党校初心，为源源不断培养造就堪当强国建设、民族复兴重任的可靠接班人作出新的更大贡献。

致力于培养党的创新理论的笃信笃行者，把讲全讲准、讲深讲透习近平新时代中国特色社会主义思想作为教学中心任务

理论修养是领导干部综合素质的核心。习近平总书记在重要指示中强调，年轻干部"要自觉做党的创新理论的笃信笃行者，坚持不懈用新时代中国特色社会主义思想凝心铸魂，不断筑牢信仰之基、补足精神之钙、把稳思想之舵，切实提升马克思主义理论水平和运用能力"。习近平总书记的重要论述不仅深刻阐明了加强理论学习对年轻干部固本培元的重要作用，也对年轻干部做到学思用贯通、知信行统一提出了明确要求，为加强对年轻干部的理论教育提供了根本遵循。

理论创新永无止境，理论武装永不停歇。深入学习贯彻习近平总书记重要指示精神，中央党校（国家行政学院）将把持续推动马克思主义中国化时代化最新成果进教材进课堂进头脑作为中青班教学重中之重，继续修订完善《习近平新时代中国特色社会主义思想教学大纲》，在已经形成的100余门相关课程基础上进一步优化课程体系，融合设置理论讲授、实践解读、案例教学三个板块，着重从问题导向、理论贡献、实践价值、世界意义等维度加强对党的创新理论的深度讲解。继续组织骨干教师赴浙江、福建等地调研，探寻理论渊源，力求为学员讲出理论纵深和发展脉络，切实增进年轻干部对党的创新理论的政治认同、思想认同、理论认同、情感认同。继续抓好集体备课、教学督导、教材建设等关键环节，多措并举提高授课质量，帮助年轻干部全面提高理论思维能力，实现理论学习的深化、内化、转化，努力成为习近平新时代中国特色社会主义思想的坚定信仰者和忠实实践者。

致力于培养对党忠诚老实的模范践行者，引导年轻干部增强拥护"两个确立"、做到"两个维护"的自觉性和坚定性

对党忠诚是中国共产党人首要的政治品质。习近平总书记强调，年轻干部"要自觉做对党忠诚老实的模范践行者，旗帜鲜明讲政治，着力提高政治判断力、政治领悟力、政治执行力，严守党的政治纪律和政治规矩，说老实话、办老实事、做老实人，始终同党中央保持高度一致"。习近平总书记的重要论述深刻阐明了对党忠诚老实的科学内涵，深刻阐明了年轻干部做政治上的"明白人""老实人"的实践要求，为教育引导年轻干部更好锤炼政治品格指明了努力方向。

对党忠诚老实是具体的、实践的，需要年轻干部常思细照、终身践履。深入学习贯彻习近平总书记重要指示精神，中央党校（国家行政学院）将在党性教育中进一步强化政治忠诚教育，发挥

如何始终保持干事创业精神状态

相关讲题在培根铸魂、启智润心方面的重要作用，持续讲好"坚决维护习近平总书记的核心地位和党中央权威""贯彻党的民主集中制"等专题课程，结合理论讲授、"五史"教学等，引导年轻干部深刻领会"两个确立""两个维护"的理论逻辑、历史逻辑、实践逻辑，始终在政治立场、政治方向、政治原则、政治道路上同以习近平同志为核心的党中央保持高度一致。继续组织学员深入开展习近平同志地方工作系列采访实录学习交流，紧密结合新时代取得的历史性成就、发生的历史性变革，切实增强年轻干部拥护"两个确立"、做到"两个维护"的自觉性和坚定性。坚持正面引导与警示教育相结合，开展好"严守党的政治纪律和政治规矩"案例式教学，组织学员深入进行党性分析，探索实行全周期全链条党性教育模式，让年轻干部在思想上受触动、精神上受洗礼、行为上有戒惧，自觉做政治上的"明白人""老实人"。

致力于培养矢志为民造福的无私奉献者，教育引导年轻干部牢记和践行党的初心使命

人民立场是党的根本政治立场。习近平总书记强调，年轻干部"要自觉做矢志为民造福的无私奉献者，始终把人民放在心中最高位置，树立和践行正确政绩观，走好新时代党的群众路线，提高做群众工作的本领，用心用情用力解决群众急难愁盼问题，不断增强人民群众的获得感、幸福感、安全感"。习近平总书记的重要论述

深刻阐明了年轻干部要回答好我是谁、为了谁、依靠谁的问题,深刻阐明了年轻干部干事创业应有的人生境界和目标追求,为教育引导年轻干部厚植为民情怀、践行为民服务宗旨提供了科学指引。

共产党人打江山、守江山,守的是人民的心。年轻干部作为中国特色社会主义事业的接班人,尤其要树牢群众观点。深入学习贯彻习近平总书记重要指示精神,中央党校(国家行政学院)在中青班已设置"习近平关于坚持以人民为中心重要论述""走好新时代党的群众路线——传承弘扬'四下基层'优良作风"等课程的基础上,将进一步在各教学单元安排有关增强党的宗旨意识的专题课程,帮助年轻干部站稳人民立场、提高为民本领。继续开展"学习老一辈革命家的人格风范"体验式教学,组织学员到革命老区切身感受党的光荣传统和优良作风,引导年轻干部为大公、守大义、求大我。继续开设以"树立正确的权力观政绩观事业观"为主题的学员讲堂,帮助年轻干部筑牢为民造福是最大政绩的理念,努力做到凡是有利于党和人民的事就事不避难、义不逃责,大胆地干、坚决地干。综合运用多种形式,教育年轻干部常修为政之德、常怀为民之志、恪守为民之责、多谋利民之策,以实干实绩践行党的初心、书写奋斗答卷。

如何始终保持干事创业精神状态

致力于培养勇于担当作为的不懈奋斗者,更加精准高效地抓好履职能力培训

当干部就要有担当,有多大担当才能干多大事业,尽多大责任才会有多大成就。习近平总书记强调,年轻干部"要自觉做勇于担当作为的不懈奋斗者,锐意改革创新,敢于善于斗争,愿挑最重的担子、能啃最硬的骨头、善接烫手的山芋,在直面问题、破解难题中不断打开工作新局面"。习近平总书记的重要论述深刻指明了年轻干部要在哪些方面担当作为、要怎样保持踔厉奋发的精神状态,为加强对年轻干部的专业训练,帮助年轻干部尽快提高推进中国式现代化建设的本领明确了重点任务。

干事担事,是干部的职责所在,也是价值所在。新时代新征程党的中心任务对年轻干部能力素质提出了更高要求。深入学习贯彻习近平总书记重要指示精神,中央党校(国家行政学院)将在中青班已有能力课程的基础上,聚焦习近平总书记对年轻干部提出的"七种能力",进一步强化"提高履职能力"教学单元课程设置。在中青班设计推出反映习近平同志地方工作实践的系列案例课程,开设以"发扬斗争精神、提高斗争本领"等为主题的专题课,引导年轻干部自觉向习近平总书记学习领导经验和工作方法,将其转化为武装头脑、指导实践、推动工作的强大力量。将进一步优化中华优秀传统文化名家讲座、科技前沿院士讲座的选题,根据学员"两

带来"问题和课题研究选题更有针对性地安排选修课程，帮助年轻干部学习新知识、增长新本领。通过课堂学习、学员论坛、社会调查等多种方式帮助学员解决"本领恐慌"、增长能力才干，让年轻干部以更加过硬的综合素质、更加昂扬的奋斗姿态争做中国式现代化建设的坚定行动派、实干家。

致力于培养良好政治生态的有力促进者，更加深入地落实好从严治校的办学方针

培养良好政治生态要从"关键少数"抓起。习近平总书记强调，年轻干部"要自觉做良好政治生态的有力促进者，发扬彻底的自我革命精神，节俭朴素、谦逊低调，坚决反对形式主义、官僚主义，坚决反对特权思想和特权行为，永葆共产党人清正廉洁的政治本色"。习近平总书记的重要论述深刻指明了年轻干部要在拒腐防变上守住哪些防线、要在严以律己上保持怎样的道德操守，为教育引导年轻干部涵养为政之德、时刻自省自重提供了行动指南。

优良作风的养成并非朝夕之功，不可能毕其功于一役。年轻干部要勤掸"思想尘"、多思"贪欲害"、常破"心中贼"。深入学习贯彻习近平总书记重要指示精神，中央党校（国家行政学院）将在中青班教育管理中把全面从严治党战略方针、从严治校办学方针有机贯通起来，继续讲好"坚定不移全面从严治党""违纪违法中管干部忏悔录的警示"等专题课程，继续在中青班组织开展党章

如何 始终保持干事创业精神状态

党规党纪考试，让年轻干部时刻绷紧纪法规矩这根弦，做到心有所畏、言有所戒、行有所止。发挥好党校作为不正之风"净化器"、党性锻炼"大熔炉"、全面从严治党"风向标"的作用，坚持全链条从严治校，抓住学员和教职工两个关键，按照党中央统一部署扎实开展党纪学习教育，持续加强学风校风建设，让学员把遵守校规校纪作为纪律性养成和党性锻炼的重要环节，要求教职工正人先正己，保持严管严治的担当，一体推进严以治校、严以治教、严以治学，让学习之风、朴素之风、清朗之风在党校蔚然成风。

强国建设、民族复兴伟业为年轻干部加快成长成才、堪当历史重任提供了新机遇、提出了新要求。抓好年轻干部教育培训工作，是全国党校（行政学院）系统的光荣使命和神圣职责。我们将以深入学习贯彻习近平总书记重要指示精神为契机，深入践行"为党育才、为党献策"的党校初心，深入学习贯彻习近平总书记关于年轻干部的重要论述，深入研究年轻干部教育规律，深入抓好面向年轻干部的基本培训，把党校姓党、从严治校、质量立校的要求细化落实到中青班教育管理全过程各环节，更好发挥全国党校（行政学院）系统合力，全面提升年轻干部教育培训质量。

（中共中央党校（国家行政学院）校（院）务委员会

《人民日报》2024年04月11日第09版）

第二编
把敢为善为的干部选好用好

不断严密组织体系　建强高素质执政骨干队伍

党的力量来自组织，党的全面领导、党的全部工作要靠党的坚强组织体系去实现。习近平总书记近日对党的建设和组织工作作出重要指示指出，"实现党在新时代新征程的使命任务，党的建设和组织工作要有新担当新作为"，"不断严密上下贯通、执行有力的组织体系，着力建强堪当民族复兴重任的高素质执政骨干队伍"。这些重要论述对于深入落实新时代党的建设总要求和新时代党的组织路线，持续提高组织工作质量具有重要指导意义。

重视组织体系建设，是马克思主义建党学说的重要内容，也是马克思主义政党的优势所在、力量所在。马克思主义政党自诞生之日起就高度重视组织建设问题，把"组织"当作"最重要的武器"。

如何 始终保持干事创业精神状态

建党伊始，中国共产党组织规模有限，组织基础较为薄弱，但十分重视组织体系建设。毛泽东同志指出，一个政党要引导革命到胜利，必须依靠自己政治路线的正确和组织上的巩固。党通过创建组织体系，壮大了组织力量，锻造了革命队伍，为革命胜利奠定了坚实的组织基础。新中国成立后，中国共产党从领导人民为夺取全国政权而奋斗的党，转变为领导人民掌握全国政权的执政党，这对党的组织体系建设提出了更高要求。这一时期，虽历经曲折，但党在组织功能的调整、组织行为的整顿以及组织路径的拓展上均进行了有益探索，为社会主义革命和建设提供了强大的组织支撑。改革开放和社会主义现代化建设新时期，中国共产党不断推进组织体系建设，严格执行组织纪律，为改革开放和社会主义现代化建设提供了组织领导。

新时代以来，以习近平同志为核心的党中央以高度的政治自觉和历史主动精神，坚定不移全面从严治党，深入推进新时代党的建设新的伟大工程，创造性提出和贯彻新时代党的建设总要求和新时代党的组织路线，不断加强党的组织建设，引领推动党的建设和组织工作发生根本性、全局性、长远性重大变化，为全面建设社会主义现代化国家、全面推进中华民族伟大复兴提供坚强组织保证。提出新时代党的组织路线，即"全面贯彻习近平新时代中国特色社会主义思想，以组织体系建设为重点，着力培养忠诚干净担当的高素质干部，着力集聚爱国奉献的各方面优秀人才，坚持德才兼备、以德为先、任人唯贤，为坚持和加强党的全面领导、坚持和发展中国特色社会主义提供坚强组织保证"，为新时代党的组织体系建设提供了根本遵循，为增强党的创造力、凝聚力、战斗力提供了重要保证。聚焦党的组织体系建设，不断完善包括党的中央组织、地方组织、基层组织在内的严密组织体系。坚持把党的政治建设摆在首位，政治建设是党的根本性建设，决定党的组织体系建设的方向和效果，在推进组织体系建设中，党始终把坚定政治方向、站稳政治立场、防范政治风险以及提高政治能力作为重要任务常抓不懈。

习近平总书记指出，贯彻新时代党的组织路线，建设忠诚干净担当的高素质干部队伍是关键，重点是要做好干部培育、选拔、管理、使用工作。具体而言，要建立健全干部素质培养、知事识人、选拔任用、从严管理、正向激励等多维一体的制度体系。

建立健全源头培养、跟踪培养、全程培养的素质培养体系。干部素质高低是影响干部能力和形象的重要因素，干部素质主要包括政治素养、理论水平、专业能力、实践本领和身心健康等。党员干部必须深入学习贯彻习近平新时代中国特色社会主义思想，深刻领悟"两个确立"的决定性意义，增强"四个意识"、坚定"四个自信"、做到"两个维护"，不断提高政治判断力、政治领悟力、政治执行力，自觉在思想上政治上行动上同以习近平同志为核心的党中央保持高度一致。要教育引导干部加强党性修养、筑牢信仰之基，加强政德修养、打牢从政之基，严守纪律规矩、夯实廉政之

如何 始终保持干事创业精神状态

基,健全基本知识体系、强化能力之基,增强干部素质培养的系统性、持续性、针对性。树立干部素质终身培养理念,把干部素质培养贯穿干部成长全过程。

建立健全日常考核、分类考核、近距离考核的知事识人体系。要以习近平新时代中国特色社会主义思想为指导,把习近平总书记关于新时代好干部标准的重要论述作为干部考核的根本遵循。建立健全干部考核经常化、制度化和全覆盖的体制机制;强化分类考核,在考核中切实考虑到地区差异、资源禀赋差别和基础水平差距等实际情况;践行党的群众路线,倾听群众心声,真正做到让组织放心、群众满意、干部服气,形成能者上、优者奖、庸者下、劣者汰的用人导向和从政环境。

建立健全以德为先、任人唯贤、人事相宜的选拔任用体系。我们党历来强调德才兼备,并强调以德为先,其中最重要的是政治品德要过硬。选人用人必须把好政治关,把政治标准放在第一位,做深做实干部政治素质考察,突出把好政治关、廉洁关;广开进贤之路,坚持唯才是举、任人唯贤,为干净做人、廉洁做事、清廉做官的干部提供成长平台;坚持事业为上,以事择人、人岗相适,把那些能力突出、业绩突出,有专业能力、专业素养、专业精神的优秀干部选出来、用起来。

建立健全管思想、管工作、管作风、管纪律的从严管理体系。习近平总书记指出,好干部是选出来的,更是管出来的。严管就是厚爱，是对干部真正负责。党的十八大以来，以习近平同志为核心的党中央把全面从严治党纳入"四个全面"战略布局，全面从严治党取得了历史性、开创性成就。建立健全干部从严管理体系是推进全面从严治党的应有之义。要加强全方位管理，加强党内监督，突出对干部做到"两个维护"、遵守党章党规党纪和宪法法律法规、执行党的路线方针政策、贯彻落实党中央决策部署、遵守党内政治生活准则等情况的政治监督。加强日常管理和对履职尽责、担当作为的监督，推动广大干部严格按照制度履行职责、行使权力、开展工作。

建立健全崇尚实干、带动担当、加油鼓劲的正向激励体系。鲜明树立重实干重实绩的用人导向，使新时代好干部能够脱颖而出，人尽其才。建立容错免责和纠错保护机制，切实为敢于担当的干部撑腰鼓劲，免除他们的后顾之忧。健全党和国家功勋荣誉表彰制度，建立健全干部待遇激励保障制度体系，增强干部的荣誉感、获得感和归属感。坚持严管和厚爱结合、激励和约束并重，加强对敢担当善作为干部的激励保护，以正确用人导向引领干事创业导向，充分调动广大干部干事创业的积极性主动性创造性。

（孙亮　《光明日报》2023年07月28日第06版）

如何 始终保持干事创业精神状态

把推动干部担当作为贯穿干部选育管用全过程

习近平总书记对党的建设和组织工作作出重要指示强调,"着力建强堪当民族复兴重任的高素质执政骨干队伍"。全国组织工作会议指出,"要拿出更加具体可行、务实管用的政策措施,激励引导广大干部奋发有为、担当作为"。安徽将深入贯彻落实全国组织工作会议精神,把推动干部担当作为贯穿干部选育管用全过程,积极营造有利于干事创业的良好环境,真正以组织担当促干部担当。

坚持用人导向与担当实绩相统一,推动干部主动担当有作为

对干部最大的激励是正确用人导向,用好一个人能激励一大片。习近平总书记强调，"要在选人用人上体现讲担当、重担当的鲜明导向，把敢不敢扛事、愿不愿做事、能不能干事作为识别干部、评判优劣、奖惩升降的重要标准，把干部干了什么事、干了多少事、干的事组织和群众认不认可作为选拔干部的根本依据"，为我们选用担当作为的干部划定了标尺。安徽坚持以实绩论英雄、凭实绩用干部，优先选拔在大战大考和急难险重任务中经过磨练的干部，2022年以来省委提拔、晋升282名勇于担当、实绩突出的干部。建立季度工作会议"竞争赛马"制度安排，聚焦经济运行、科技创新、安全生产、营商环境、民声呼应等重点工作，每季度对各地各单位工作情况逐项晾晒、逐一分析，通报正反典型案例，推动全省上下争先进位。持续实施省管领导班子和领导干部年度综合考核，对考核优秀的予以通报表扬和嘉奖记功，对排名靠后的班子进行约谈提醒，对反映较多的干部开展重点考核，对考核结果不好的省管干部作出调整。

新时代新征程上，我们将认真落实党管干部原则，严格把好选人用人关口，做到精准识别、奖优罚劣，充分发挥选人用人的风向标作用。强化重实干重实绩的导向。落实新时代好干部标准，坚持"忠专实""勤正廉"，把政治标准放在首位，积极选用政治素养过硬、担当精神过硬、斗争本领过硬、纪律作风过硬的干部，切实以正确用人导向引领干事创业导向。完善季度工作会议制度，及时

如何 始终保持干事创业精神状态

优化调整"赛马"方案，将会议通报情况与干部奖惩表彰、选拔任用相挂钩，不断提振干部干事劲头。树立和践行正确政绩观。加强正确政绩观教育，在主题教育、学习培训、日常调研、考察评价、谈心谈话、指导开好民主生活会等工作中突出正确政绩观要求，督促引导领导干部深入学习贯彻习近平总书记关于树立和践行正确政绩观的重要论述。改进推动高质量发展的政绩考核，优化指标设置、列出负面清单、划出底线红线，推动领导干部完整、准确、全面贯彻新发展理念。完善并落实"三重一大"决策监督机制，推动开展"虚假政绩"等专项整治，及时发现和纠正政绩观偏差。考准察实领导干部实际表现。具象化精准考察识别干部，注重在重大斗争和重点任务一线了解干部，推进日常谈话调研、一线考察识别、综合分析研判"三个全覆盖"，建立新任职干部回访制度，多方印证、全面掌握干部的实际表现。完善年度综合考核指标体系，积极探索差异化考核方法和手段，根据现代化美好安徽建设的发展阶段、重点任务，进一步提升高质量发展关键指标权重，提高考核评价区分度、精准度，持续传导压力、催生动力。

坚持能力本领与岗位职责相匹配，推动干部善于担当能作为

干部干事创业，既要有合适的舞台，也要有过硬的本领。习近平总书记强调，"要加快知识更新、加强实践锻炼，使专业素

养和工作能力跟上时代节拍",勉励"干部要敢想、敢做、敢当",既是对各级干部寄予的殷切期望,也为培养锻炼干部指明了路径。安徽坚持人岗相适、人事相宜,大力实施专业化能力提升计划,推进干部教育培训"铸魂赋能强基"工程,省市联动每年举办100个重点专题班、培训1000名市县乡党政正职、10000名干部。围绕推动高质量发展选优配强各级领导班子,组织开展干部跨地区、跨部门、跨系统交流任职,省市两级共择优遴选交流943名干部。探索建立同长三角一体化发展相适应的干部交流机制,连续3年接续实施"千人选派计划",互派干部双向挂职91名,选派3300多名干部人才到沪苏浙跟班学习。

新时代新征程上,我们将聚焦完整准确全面贯彻新发展理念、构建新发展格局、推动高质量发展,进一步强化选配力度、提升专业能力,推动干部在现代化美好安徽建设中再立新功。坚持事业为上。加强换届后领导班子建设,根据各地功能定位、发展阶段、产业基础和资源禀赋,明确实际需求和选配要求。开展干部成熟度、岗位适应度、班子匹配度、地方需求契合度的分析,根据不同的专业技能、履职经历、性格特征,把最合适的人放在最合适的岗位上。拓宽选人视野,畅通干部交流渠道,常态化实施干部"三跨"交流任职,接续选派具有专业背景和专业能力的干部到市县挂职。锻造过硬本领。完善理论学习长效机制,推动第一批主题教育转入经常性教育，精心组织开展第二批主题教育，推进"一把手"政治能力提升计划，加强斗争精神和斗争本领养成。持续实施"百千万"专项培训计划，围绕建设现代化产业体系、推动科技创新、全面推进乡村振兴等主题，开展专业化能力培训。注重运用典型案例加强实战化培训，选派理论功底扎实、实践经验丰富的党政领导干部、知名专家学者等师资授课，通过实战操练、情景演练、应急训练等形式，引导干部及时填知识空白、补素质短板、强能力弱项。加强实践锻炼。有组织有计划地把干部放到改革发展稳定第一线、艰苦复杂环境、关键吃劲岗位历练，持续选派优秀年轻干部到县乡基层、自贸区、企业等实践锻炼。健全长三角一体化干部人才交流机制，以2023年6月与沪苏浙签署细化落实《推进长三角一体化干部交流工作合作备忘录》共商事项为新的契机，逐步构建党政干部和教育人才、科技人才、卫健人才、高层次高技能人才"1+4"交流平台，引导干部人才开阔视野、增长本领。

坚持严格管理与激励关爱相结合，推动干部敢于担当勇作为

从严管理和激励关爱是辩证统一的，必须注重综合施策、统筹推进。习近平总书记强调，"要坚持严管和厚爱结合、激励和约束并重，坚持'三个区分开来'，更好激发广大党员、干部的积极性、主动性、创造性"，为激励干部干事创业、担当作为提供了

根本遵循。安徽制定出台《关于加强对"一把手"和领导班子监督的若干措施》，建立干部监督问题库，细化制定领导干部提醒谈话操作办法，不断增强干部监督质效。推进干部能上能下，修订落实《安徽省贯彻〈推进领导干部能上能下规定〉实施细则》，2023年上半年调整9名政治能力不过硬、工作打不开局面、群众意见较大的省管干部。制定落实激励干部担当作为实施意见、关心关爱干部20条具体措施，面向全省选树40名优秀典型，稳妥开展容错纠错工作，编印4期44个典型案例，旗帜鲜明为担当者担当、为负责者负责、为干事者撑腰。

新时代新征程上，我们将坚持严的主基调不动摇，加强对干部全方位管理和经常性监督，激发干部干事创业热情，让愿担当、敢担当、善担当蔚然成风。落实从严要求。坚持抓早抓小抓预防，落实谈心谈话、提醒函询诫勉等制度，制定落实干部监督信息集成办理统筹运用暂行办法，完善从严管理监督干部制度体系。组织开展政治生态调研分析，突出对权力集中、资金密集、资源富集领域和重点岗位干部的管理监督，着力管好关键人、管到关键处、管住关键事、管在关键时。加强关心关爱。认真贯彻"三个区分开来"，完善落实容错纠错机制，把出于公心、不谋私利、依法依规履职尽责作为前提条件，准确把握政策尺度，科学界定情形标准，优化设置容错工作程序，对确实符合容错标准的大胆容错。加大对基层干部特别是条件艰苦地区干部关心关爱力度，巩固职务与职级并行制度成果，选树表彰担当作为先进典型，营造鼓励担当作为、崇尚苦干实干的浓厚氛围。推进能上能下。落实《推进领导干部能上能下规定》，严格执行纪实报备制度，组织编印典型案例、典型做法、典型经验，制定年度综合考核表现较差干部重点考核操作办法，对不在状态、不敢担当、不适宜担任现职的干部坚决予以调整，推动形成能者上、优者奖、庸者下、劣者汰的良好局面。

（丁向群 《学习时报》2023年10月08日第01版）

第二编
把敢为善为的干部选好用好

以锻造坚强组织、建设过硬队伍为重要着力点

在二十届中央纪委三次全会上,习近平总书记明确提出推进党的自我革命"九个以"的实践要求,其中之一就是"以锻造坚强组织、建设过硬队伍为重要着力点"。新时代新征程,深入推进全面从严治党,要牢牢把握这一实践要求,让党的组织更坚强,让党员干部队伍更过硬。

组织建设是党的建设的重要基础。党的十八大以来,以习近平同志为核心的党中央针对党的建设中存在的突出问题,坚定不移全面从严治党,提出和贯彻新时代党的组织路线,在加强党的全面领导、健全党的组织体系、完善选人用人标准和工作机制、健全党内政治生活和组织生活制度等方面采取了一系列重大举措,不断健全

组织体系，以提升组织力为重点，增强党组织政治功能和组织功能，树立大抓基层的鲜明导向，推动党的组织和党的工作全覆盖。党的组织优势、组织力量在大战大考中得到充分体现。

牢牢把握以锻造坚强组织、建设过硬队伍为重要着力点这一实践要求，要不断增强党组织的政治功能和组织功能。我们党是依靠革命理想和铁的纪律组织起来的马克思主义政党。增强党组织政治功能和组织功能，把党员组织起来、把人才凝聚起来、把群众动员起来，对于我们党推进伟大自我革命具有十分重要的意义。要不断健全组织体系，让党的各级组织都健全、都过硬，上下贯通、执行有力，使整个组织体系的经脉气血都畅通起来，保证党的领导"如身使臂，如臂使指"。要始终坚持大抓基层的鲜明导向，有效实现党的组织和党的工作全覆盖，让基层党组织在贯彻落实党中央决策部署中发挥好领导作用，成为宣传党的主张、贯彻党的决定、领导基层治理、团结动员群众、推动改革发展的坚强战斗堡垒，为把每条战线、每个环节的自我革命抓具体、抓深入提供坚强保障。

治国之要，首在用人。党的十八大以来，以习近平同志为核心的党中央明确信念坚定、为民服务、勤政务实、敢于担当、清正廉洁的新时代好干部标准，着力建设忠诚干净担当的高素质干部队伍。完善干部培养选拔机制，注重在基层一线和困难艰苦环境中培养锻炼干部、在重大任务和重大斗争一线发现使用干部，放眼各条战线、各个领域、各个行业选拔优秀干部。同时，建立管思想、管工作、管作风、管纪律的从严管理体系，建立崇尚实干、带动担当、加油鼓劲的正向激励体系，不断增强组织工作、队伍建设的整体效能。

政治路线确定之后，干部就是决定的因素。习近平总书记指出："全面建设社会主义现代化国家，必须有一支政治过硬、适应新时代要求、具备领导现代化建设能力的干部队伍。"牢牢把握以锻造坚强组织、建设过硬队伍为重要着力点这一实践要求，要着力锻造忠诚干净担当的高素质干部队伍，坚持把政治标准放在首位，把严把紧政治关这个首要之关，确保选出的干部政治上站得稳、靠得住、能放心。打开视野、不拘一格，把方方面面优秀人才聚集到党和人民事业中来，把干部队伍和各方面人才作用充分发挥出来。坚持严管与厚爱相结合，加强对干部全方位管理和经常性监督，坚持从严教育、从严管理、从严监督。坚持激励和约束并重，以支持实干者、保护改革者、鼓励探索者、宽容失误者的实际行动，激发干部干事创业活力。此外，要坚持正确选人用人导向，以用人环境涵养政治环境，形成见贤思齐、心齐气顺的良好氛围，让广大干部在严肃党内政治生活中砥砺淬炼、百炼成钢。

（刘海飞　《人民日报》2024年02月08日第09版）

如何 始终保持干事创业精神状态

以严明纪律规范党员干部履职用权

经党中央同意，自2024年4月至7月在全党开展党纪学习教育。习近平总书记多次就开展党纪学习教育发表重要讲话、作出重要指示，强调"组织开展好党纪学习教育，引导党员干部学纪、知纪、明纪、守纪，督促领导干部树立正确权力观，公正用权、依法用权、为民用权、廉洁用权"。

党员干部的权力观是否正确，影响着政绩观、事业观，影响着党和人民的事业发展。强化党纪学习教育，做到学纪、知纪、明纪、守纪，弄明白能干什么、不能干什么，有助于夯实树立正确权力观的思想政治基础。新时代以来，党中央把纪律建设纳入党的建设总体布局，以严明纪律规范党员干部履职用权，有力营造积极健康、干事创业的政治生态和良好环境。在强国建设、民族复兴的新征程上，广大党员干部要不断强化纪律意识，树立正确的权力观，公正用权、依法用权、为民用权、廉洁用权。

纪律是管党治党的"戒尺"，也是党员、干部约束自身行为的标准和遵循。从过往查处的案例看，有的党员干部对纪律规矩缺乏敬畏、缺乏了解，进而在权力观上出现偏差，在权力行使上出现失误，最终在权力关上失德失守。任何人都没有法律之外的绝对权力。各地各部门要加强纪律教育，特别是当前以学习贯彻新修订的纪律处分条例为重点，推动广大党员干部把自己摆进去、把工作摆进去、把职责摆进去，逐条对照检视，进一步明确什么该做、什么不该做，什么能做、什么不能做，解决好为谁用权、怎样用权这个关键，真正做到知敬畏、存戒惧、守底线。

权力意味着责任。共产党人干事创业，图的是造福百姓，为的是家国兴旺。无论任何时候，无论面临什么样的风险挑战，不忘初心、牢记使命，对党忠诚、造福百姓，都应该是党员干部一以贯之的政治本色。严守纪律特别是严格遵守政治纪律和政治规矩，都应该成为党员干部的一切行动准则和基本要求。加强纪律教育，关键在于引导广大党员干部深刻领悟"两个确立"的决定性意义，增强"四个意识"、坚定"四个自信"、做到"两个维护"。严守政治纪律和政治规矩，要从学习党章、遵守党章入手。党章明确规定，共产党员要"自觉遵守党的纪律""执行党的决定""维护党的团结和统一，对党忠诚老实，言行一致"。每一个共产党人都应当将党章规定内化于心、外化于行，把遵守政治纪律和政治规矩落实到自己的全部工作中去，始终同以习近平同志为核心的党中央保持高度一致。总之，严守政治纪律这个党最根本、最重要的纪律，始终做政治上的明白人，把做官当做事，把用权当履责，踔厉奋发、笃行不怠，勇于担当、不负使命，这是党员干部应有的境界。

　　加强纪律性，革命无不胜。新征程上，广大党员干部严守纪律、严以用权，始终保持反躬自省的自觉、如临如履的谨慎、严管严治的担当，必将更好地推动党和人民事业不断向前发展。

（李林蔚　《人民日报》2024年04月09日第19版）

第二编
把敢为善为的干部选好用好

树立选人用人正确导向

中央纪委国家监委网站公布的贵州省黔南州委原副书记、政法委书记肖发君，身为党员领导干部和国家公职人员，丧失理想信念，背弃初心使命，毫无组织原则，隐瞒不报个人房产情况，在组织谈话时不如实说明问题，违反干部选拔任用规定，帮助他人职务调整和提拔；道德败坏，违反生活纪律；把公权力异化为攫取私利的工具，大搞权钱交易，利用职务上的便利为他人谋取利益，非法收受他人巨额财物。辽宁省政府原党组成员、副省长郝春荣理想信念丧失，纪律意识淡薄，对抗组织审查；违反中央八项规定精神，长期违规收受礼金，接受可能影响公正执行公务的宴请；违背组织原则，长期瞒报个人有关事项，在职务提拔、工作调动中为他人谋取利益；为官不廉，亲清不分，贪欲膨胀，以权谋私，利用职务便利为他人在项目审批、工程承揽等方面谋利，并非法收受巨额财物。在公布的这两则案例中，都存在选人用人方面的问题。

正确、合理用人是党的事业兴旺发达的组织保证。干部干事创业是推进党的事业发展的决定性因素。在党的扩大的六届六中全会上毛泽东同志提出了"干部就是决定的因素"重要论断，揭示了党的干部在推动党的事业发展中所发挥的骨干作用和所具有的决定性意义。党的十八大以来，以习近平同志为核心的党中央反复强调树立选人用人正确导向对于实现中华民族伟大复兴的重要性，高度重视干部干事创业在推进党的事业发展中的决定性作用。

干部是否干事，是否全力以赴，能否坚持不懈，与动力有关。干部干事动力来自两个方面，即外在激励与内在激励。物质、名誉等属于外在激励因素，信仰、信念、理想、事业心、责任感、归属感等属于内在激励因素。习近平总书记在2018年全国组织工作会议上指出："对干部最大的激励是正确用人导向，用好一个人能激励一大片。"这阐明了"用人"在激发干部干事动力方面的作用，及其在干部队伍建设中所起到的重要作用。

树立正确的用人导向，把干部用对用好。首先，要坚持新时代好干部标准，把政治标准放在第一位，选拔使用忠诚干净担当的高素质专业化干部。政治标准是硬杠杠，如果这一条不过关，其他也就无从谈起。领导干部"如果政治不合格，能耐再大也不能用"。

从腐败案例来看，干部出问题，政治上不过关占很大一部分。其次，要坚持德才兼备、以德为先、五湖四海、任人唯贤，坚持公道正派，广开进贤之路。要加强实践锻炼、专业训练，注重在重大斗争中磨砺干部。最后，要坚持人岗相适，人事相宜的用人原则，根据干部能力优势、专业优势、个性优势、思维优势等各方面优势匹配最适宜的岗位，让合适的人在合适的岗位做合适的事，作出本岗位的最佳业绩，把不合适的人及时调整，有效推动干部能上能下。

违规用人现象复杂，究其原因却是多方面的。一是对权力资源的抢夺。有的干部为了在竞争中胜出，千方百计"围猎""搞定"在用人方面有影响力的干部。有的干部想方设法接"天线"，有的低三下四结交"政治骗子"，有的热衷于"感情联络""感情投资"。若达不到目的便心生抱怨，散播消极情绪，若如愿以偿容易形成不良风气，直接破坏政治生态。二是领导干部违反组织原则和用人规则，搞小山头、小圈子、小团伙，培植私人势力。三是公权私用，把自己领导的地方和单位作为私人领地，把用人权当作私权，违背了公平正义。四是为图自己工作上方便，少数领导干部在熟悉的少数人中选人，保证所用的人听话、"用着顺手"，以求凡事迅速得到共鸣共振，意图领会快、工作效率高、考核分好看。这客观上限制选人用人范围，也压缩了其他人进步的空间，消磨了其他干部干事创业的热情。五是感情用事，意气用事，把自己的个性特点、能力优势、生活习惯、业余偏好等投射到用人上，用人偏离人岗相适原则，造成干部队伍结构上的不合理，形成干部队伍的结构性内耗。六是民主集中制执行力不足，与"充分发扬民主""善于正确集中"的要求差距大，集体讨论决定用人问题时或三缄其口或独断专行，有时甚至直接把违规用人隐藏在民主集中制集体决定的正常程序中，加大了发现难度，提高了整治成本。

我们党对用人制度建设高度重视。出台了一系列党内法规和规范性文件，包括规范用人全过程各环节的相关制度、规则和具体政策，不断提高解决违规用人制度保障。坚持正确选人用人导向，立足党长期执政、国家长治久安、实现民族复兴大局，深刻认识正确、合理用人的重要性及违规用人问题的严重性，及时把那些愿干事、真干事、干成事的干部发现出来、使用起来。要深刻认识自己作为领导干部的政治身份和对党的干部队伍建设承担的政治责任。深刻认识优秀干部在贯彻落实工作中的重要作用，因此，要为选好干部、用好干部主动担当作为，把责任意识贯穿于选人用人的全过程。

一是积极探索解决违规用人问题的规律。违规用人有认识上的偏差、有利益的驱动、有制度上的漏洞、有操作上的偏好等，因而解决起来具有长期性、复杂性，不可能一蹴而就，要常抓不懈。二是进一步完善用人制度。解决违规用人问题，制度更带有长远性、根本性。完善的干部选拔任用、监督管理相关规章制度，能够为实现合理用人、避免违规用人提供制度保障，也只有在良好的制度环境中，正确、合理用人才具有确定性、稳定性。三是改进用人方式方法。进一步推进用人公开。公开是公平公正的基础。努力提高识别人才的准确性。准确识人是正确、合理用人，避免违规用人的前提。准确识人要"针对不同层级、不同岗位考察对象，实行差异化考察"，除做好日常考核、分类考核，同时还要加强"专项考核"，及时地近距离地考核领导干部在完成急难险重等专项任务中的真实表现，以多角度、多方位确保正确、准确识人，合理用人，也能够从源头上防止问题干部、带病干部进入组织拟提拔重用干部的大盘子。四是提高民主集中制执行力度。把"集体领导、民主集中、个别酝酿、会议决定"方针执行好，党委（党组）书记要发扬民主、善于集中、敢于担责，班子成员要增强全局意识与责任意识，切实落实《中国共产党问责条例》，使违规用人终身问责能够倒逼用人上集体领导各方责任落实，从而更好地防止违规用人。

（刘炳香　范瑜瑜　《学习时报》2023年07月07日第03版）

如何 始终保持干事创业精神状态

年轻干部"墩好苗"方能成好才

全国组织工作会议指出,要把年轻干部放到基层和艰苦地区多"墩墩苗",把基础搞扎实。"墩苗"本是让苗子吃土更深、扎根更实,之后植株才能长得壮、成好材。年轻干部的成长成才亦是如此,只有把基础搞扎实了,后面的路才能走得更稳更远。

温室里长不出参天松,庭院里跑不出千里马。1942年,为加强我们党在敌占区的工作力量,陈云同志将大批延安的新党员新干部派到地方上去、技术部门去、事务工作中去。他指出,"必要时,对某些新党员新干部要分配其不愿干的工作,以磨练其意志"。新时期的年轻干部普遍学历水平高、综合素质好、发展潜力大,也存在基层经验、工作方法欠缺等不足。在成长黄金期若缺少扎实的墩苗，将来走上更高平台、更重要岗位，面对纷繁复杂局面、急难险重任务时，就容易力不从心、慌乱无措。

干部墩苗是"炼金"而不是"镀金"，戒骄戒躁、戒浮戒虚才能收到实效。须谨防的是，现实中个别年轻干部不能正确充分认识对待墩苗，存在一些错误心态和做法。有的"优越感"十足，好高骛远、眼高手低，不愿做"小事"、干"杂活"，存在"镀金""抹粉"心态；有的热衷造势作秀，心浮气躁、急于求成，总想走捷径、抄近道，存在"投机""讨巧"思想；有的"身入心不入"，对基层干部群众缺少朴素感情，干工作"不怕群众不满意、就怕领导不注意"，存在"钻营""媚上"想法；有的对法纪缺少敬畏，错把公权当私权，妄想"钻空子""躲探头"，存在"麻痹""侥幸"心理。诸如此类问题若放任不管，既会影响干部个人健康成长，更会贻误党和人民事业发展。

"墩"出好心态。干部的成长进步有着客观规律，要求养成良好心态。特别是对于年轻干部而言，无论处在什么阶段和位置，都应志存高远、脚踏实地，把努力该做的事情做到最好。养成达观心态，胸怀"国之大者"，保持崇高追求，主动接好新时代的历史接力棒，以"功成不必在我、功成必定有我"的境界和胸怀，将个人命运融入国家前途和时代大势。永葆进取心态，树立和践行正确政绩观，坚决向慵懒散漫、得过且过、消极颓废等错误思想行为说"不"，坚持不懈、稳扎稳打，做到日日精进、不负韶华。保持平和心态，正确对待名利得失，把吃苦当作"吃补"、把困难考验当作成长阶梯，做到处优而不养尊、受挫而不短志，以平常心给自己的一生宁静与自由。

"墩"出真本领。铁肩膀是压出来、磨出来的，硬本事是干出来、拼出来的。越是基层一线和艰苦地区，越是复杂局面和急难险重任务，越能让年轻干部在经风雨、见世面中长才干、壮筋骨。坚持向书本学与向实践学相结合，学会把琐碎、表面、一时的感性认识上升为系统、本质、深刻的理性认识，进而转化为解决实际问题的思维能力和科学方法。坚持按规律办事和创造性工作相结合，强化底线思维和风险意识，养成遇事找法、办事依法、解决问题靠法的行为习惯，防止出现"拍胸脯"表态、"拍脑袋"决策、"拍桌子"批人、"拍大腿"后悔、"拍屁股"走人的情况。坚持敢担当和善担当相结合，以墩苗中的急难险重任务为"磨刀石"，多当几回"热锅蚂蚁"、多接几次"烫手山芋"，冲锋在前、勇挑重担，真正实现能力素质的"拔节生长"。

"墩"出硬作风。早熟的果子不甜，"拔苗"的干部不踏实。墩苗可以帮助年轻干部摒弃"骄""娇"二气，走好与人民群众实践相结合的成长道路，自觉拜基层干部群众为师，搞清楚基层群众急难愁盼问题，搞明白基层工作中的矛盾、短板、弱项的根源，真正同基层干部群众想在一起、干在一处。坚持更高标准、更严要求，时时事事处处强化党性修养，不断增强抵御歪风邪气的免疫力、自制力，在各种诱惑和考验面前把握住自己。强化知重负重、勇毅前行的拼劲韧劲,勇于挑最重的担子,敢于啃最硬的骨头,善于接最烫手的山芋,以重实际、讲实话、出实招、办实事、求实效的过硬作风,赢得组织信任和群众口碑。

让干部"墩好苗",离不开组织的科学精心培养。党组织树立好干部到基层去、好干部从基层来的导向,为干部墩苗历练营造良好条件和环境。有计划地把政治素质好、有能力、有责任感的年轻干部放到改革发展稳定第一线、重大斗争重要任务最前沿、艰苦复杂地方和关键吃劲岗位磨练,做到必备的环节不能丢、必需的锻炼不能减、必要的考验不能少。破除以资历深浅排座次的观念束缚,打破成长隐形阶梯,对能够驾驭复杂局面、解决实际问题能力强的干部不拘一格、大胆使用,确保选出"好苗子"、结出"好果子"。坚持严管和厚爱结合、激励和约束并重,尽可能地为干部安心、顺心工作创造条件,教育引导他们知敬畏、存戒惧、守底线,自觉抵制不正之风,避免成长的"黄金期"变成"危险期"。

党的二十大报告指出,抓好后继有人这个根本大计,把到基层和艰苦地区锻炼成长作为年轻干部培养的重要途径。生逢伟大时代,投身伟大事业,年轻干部只有"墩好苗",做到知行合一、学用相长,才能真正成为干事创业的栋梁之才,更好实现干部成长、群众满意、事业发展的统一。

(王鑫 《学习时报》2023年12月25日第01版)

 拓展阅读

精准科学选人用人　提振干部干事创业精气神
——江苏张家港市创新干部考察工作机制

在村里工作了 10 多年，41 岁的江苏省张家港市南丰镇南丰村原党总支书记赵君怎么也没有想到，自己还能成为一名副科级干部。2022 年 3 月，他被提拔为南丰镇集成指挥中心主任。

赵君这次之所以能被提拔，源自张家港市于 2022 年 1 月推出的"娘家来人了"干部考察工作机制。原来，赵君在村里工作期间，在发展村级经济、为民服务等方面表现突出。张家港市委组织部开展"娘家来人了"调研考察时，南丰镇多名干部群众对其进行推荐。经深入了解考察和综合研判，张家港市委组织部提出对其提拔

的动议。

据介绍，张家港市"娘家来人了"干部考察工作机制将考察识别干部的重心指向平时，采取"科室自主研判＋集中分析研判""周报＋月度分析＋半年评估"研判分析等举措，通过常态化、近距离的调研考察，掌握班子和干部一贯表现和全部工作，切实做到精准科学选人用人，激励干部奋勇担当、敢为善为。

常态化、近距离调研考察，一批"老黄牛"式干部和基层一线干部得到重用

最近这一年，张家港市委组织部干部科副科长冯鹏几乎每个星期都要以"娘家人"的身份到市里面的相关板块、机关企事业单位去"走亲戚"。

他告诉记者，过去，通常是年底考核或者要提拔任用干部的时候，才会密集地"走出去"，考察干部往往是通过书面材料，或者临时去找干部身边人谈话，存在时间紧、程序化、印证式等问题，情况了解往往不够全面。

了解干部要有一个过程，不能只看短期表现，而是要看长期表现。张家港市委常委、组织部部长、统战部部长朱艳介绍，2022年1月，张家港市创新推出"娘家来人了"干部考察工作机制，采取"科室自主研判＋集中分析研判""周报＋月度分析＋半年评估"研判分析等举措，通过常态化、近距离的调研考察，对班子和干部

如何 始终保持干事创业精神状态

精准识别。

全市这么多部门、单位和板块，如何做到面面俱到、考准考实？张家港市委组织部给部里每个科室都明确了挂钩联系单位和板块。冯鹏所在的张家港市委组织部干部科挂钩联系的是乐余镇、常阴沙现代农业示范园区、市住建局、市商务局、城投集团等十几个板块、机关企事业单位。按照"娘家来人了"干部考察工作机制要求，他每周至少到1家单位开展走访，不定期开展优秀干部"无任用推荐"，了解掌握干部队伍的真实情况。

2022年6月，冯鹏和同事来到张家港市住建局进行常态化走访。通过集中座谈交流，他们了解到，市人防办副主任王强多年来一直勤勤恳恳、埋头苦干，虽然成绩突出，但由于所在部门"显示度"不高，本人又行事低调，所以一直没有被组织部门发现。

随后，经过一番深入调研，冯鹏和同事对王强的情况形成了一份简要周报：表现比较突出，敬业负责，敢干肯干，是典型的"老黄牛"，分管工作虽比较重，但抓得井井有条，人防工作始终保持在苏州第一、第二的水平。

6月底，在市委组织部的月度分析会上，冯鹏汇报了走访情况，会议研究决定对王强的情况进一步开展全面调研。在充分了解情况后，组织部门提出提拔的动议。

王强的情况并非个例。锦丰镇纪委副书记、四级主任科员叶江峰有着丰富的基层工作经验，干过16年的公安干警，做过6年的司法所长，还当过2年的信访办主任，群众口碑比较好。

2022年5月，张家港市委组织部公务员科科长黄海东深入走访调研他的挂钩联系点锦丰镇，了解了叶江峰的情况，形成了周报。市委组织部在当月的月度分析会上，对叶江峰的情况进行了讨论。

黄海东说，叶江峰并非科职干部，快50岁了，一般没什么提拔空间了。但是有了"娘家来人了"干部考察工作机制，干部晋升"天花板"被打破，市委组织部将叶江峰的职级晋升为三级主任科员，比所在单位"一把手"纪委书记的职级还高。

如今，在"娘家来人了"干部考察工作机制的推动下，一批"老黄牛"式干部和基层一线干部得到重用，获得更大的干事创业舞台。

搭建培育平台，推动年轻干部快速成长起来

年轻干部是党的事业薪火相传的接班人。推动经济社会高质量发展，离不开一支结构优化、素质优良、数量充足的年轻干部队伍。近年来，张家港市委组织部在开展"娘家来人了"干部考察工作时，90后中层、95后年轻干部成为重点关注对象。

"我们在一线调研考察时，发改、财政、科技、行政审批等不少专业性较强的部门提出，有的年轻干部专业能力相对欠缺，难以挑大梁。"朱艳介绍，为解决这一难题，市委组织部以"娘家来人了"干部考察工作机制为抓手，深入全市各部门、各单位，发现

如何 始终保持干事创业精神状态

并筛选出一批干事创业热情高的年轻干部,建起了"专业研习社"平台。

目前,张家港市委组织部牵头,着眼全市高质量发展紧缺专业类别,创办了科技招商、经济管理、财政金融、城建规划、基层治理、乡村振兴6个"专业研习社"。遴选35家企业负责人组建"顾问团"、18家市级牵头部门负责人搭建"导师团"、23家知名智库负责人构建"智库团",目前共有372人加入了"专业研习社",以1年为周期开展长线跟踪培养,同时明确今后专业部门的领导干部原则上从"专业研习社"中选拔。

95后刘克宁两年前通过选调生考试,成为张家港市委办公室秘书科的一名工作人员。虽然大学所学的社会学专业基础扎实,干事创业积极性高,但从学校到机关,"初出茅庐"的他缺乏实践工作经验。2022年5月,张家港市委组织部在开展"娘家来人了"调研走访时,将刘克宁纳入"专业研习社"。

学习经济管理专业知识一段时间后,2022年9月,刘克宁被调到张家港市发改委服务业科,进行试岗锻炼。张家港市发改委副主任纪峰担任指导老师,手把手教学,一对一指导。到岗一个多月时间,纪峰就带着刘克宁跑了十几家企业。

前不久,刘克宁在塘桥镇调研,一家企业向他求助。该企业正在建设数字经济产业园,由于不熟悉申报程序,有一笔补贴资金迟迟没拿到。刘克宁及时请教指导老师,很快熟悉了流程,帮着企业填资料，跑部门。短短两个多星期，企业账户就收到了这笔钱。

"有组织部搭平台，有指导老师传帮带，我们年轻干部迅速成长起来了。"刘克宁说。

如今，随着"专业研习社"平台的搭建，一批冲劲足、肩膀硬、能力强、实绩好的年轻干部脱颖而出，被提拔使用到重要岗位上，为张家港高质量发展贡献青春力量。

陈思雨是张家港首个95后副科职干部，她虽然年龄不大，但工作阅历却比较丰富，做过乡镇财政和资产管理局预算科副科长，担任过乡镇团委书记，还参加过市委巡察工作。无论做什么工作，陈思雨都得到了较高的评价。正因如此，2022年9月，陈思雨被提拔为张家港团市委副书记。

"起用年轻干部还是有很大压力的，如果能力跟不上，可能招来很多议论。"张家港市委组织部青干科科长李玉杰说，但是有了"娘家来人了"干部考察工作机制，通过在"专业研习社"平台淬炼，年轻干部快速成长起来，组织部门在选用年轻干部方面更有底气了。

打通"能上能下"渠道，营造担当作为的浓厚氛围

实践中，张家港市通过"娘家来人了"干部考察工作机制，不仅让优秀干部脱颖而出，还建立"负面清单"，给表现一般的干部"施加压力"，打通"能上能下"渠道，提升干部干事创业精气神。

如何 始终保持干事创业精神状态

2022年8月,张家港市委组织部干部监督科科长冯利江来到某局进行常态化走访考察。有人反映,该局个别干部不遵守上班纪律,经常早退,作风比较散漫。经过多方面核实印证后,冯利江将这一情况记载到周报上,并在当月的月度分析会上汇报了这一情况。"每次会后,组工干部都会到部门进行跟踪回访,确保考准考实。考察结果将直接影响相关干部的提拔晋升,对于那些表现较差、推动工作不力、群众反映较大、民主测评优秀称职率低于80%的干部,还会视情作降职、免职等处理。"冯利江说。

"能上能下"关键在"能下"。早在2018年,张家港市就出台了《张家港市推进领导干部能上能下实施办法(试行)》,打通干部"下"的通道、厘清干部"下"的界限。随着"娘家来人了"干部考察工作机制的建立,张家港市委组织部把考察功夫下在平时,更加深入了解干部,努力让"能者上、庸者下、劣者汰"成为常态。

2022年3月,张家港市委组织部干部教育科科长高苏洋和同事一起到某镇走访调研时,多名干部反映该镇某村的党委书记、村委会主任王某不担当、不作为,遇到问题能推就推、能躲就躲,工作"像是在混天数、熬日子"。

接到反映后,高苏洋和同事立刻开展调查。当月月度分析会上,张家港市委组织部就王某的工作表现进行分析研判,与会人员一致认为王某不适宜担任现职。4月,经张家港市委组织部部务会研究决定:免去王某村党委书记职务。

如今，通过"娘家来人了"干部考察工作机制，推进干部能上能下，重实干、重实绩、重担当的选人用人导向更加鲜明，担当作为的氛围更加浓厚。

刘晓岑曾是杨舍镇的一名网格员，在2022年初新冠疫情防控期间，刘晓岑主动请缨，奋战抗疫一线，连续十来天吃住在社区办公室，经常一天只睡三四个小时。刘晓岑的表现获得了组织部门的关注，5月底，她"直通"进入社区干部队伍，成为锦程社区的工作人员。

"过去，市里组织部门对市管干部相对比较熟悉，现在，组织上把知事识人的功夫下在平时、用到一线，对乡镇的中层干部甚至是基层一线的工作人员也都非常关注。这样一来，基层工作者的奔头更足了，越干越有劲了。"杨舍镇党委组织委员袁琦说。

（王伟健 《人民日报》2023年01月03日第19版）

如何 始终保持干事创业精神状态

广西完善干部政治素质考察考核机制——
考实政治素质　锻造过硬队伍

挖掘机隆隆作响，运输车来回穿梭……春节刚过，广西钦州市灵山县旧州镇，平陆运河马道枢纽施工现场，一片热火朝天的劳动场面。

平陆运河是西部陆海新通道骨干工程。面对这一重大任务，旧州镇党委书记冯大洲和班子成员讲政治、顾大局，带领党员干部群众迎难而上，加班加点，按时完成3800多亩征地搬迁任务，保障了工程按期开工。2023年1月，冯大洲晋升为四级调研员。

在干部干好工作所需的各种能力中，政治能力是第一位的。越是大事难事越能见担当，越是紧要关头越能看出政治素养的高低。

如何考准考实干部政治素质？广西壮族自治区党委认真贯彻新时代党的组织路线，贯彻落实习近平总书记对广西"五个更大"重要要求，把政治素质考察考核作为识别评价、选拔使用干部首要标准、首位之关，坚持考在一线、察在经常、用在具体，大力选拔使用拥护"两个确立"信念坚定、做到"两个维护"态度坚决、明辨大是大非立场清醒、热爱各族群众感情真挚、领导现代化建设能力突出的优秀干部，努力锻造政治上信得过、靠得住、能放心的高素质专业化干部队伍。

严字当头，精准、具象化考察考核领导干部政治素质

"反向测评是一种警示，让我深刻感受到政治标准的具体要求，也深刻感受到组织培养干部健康成长的良苦用心，提醒自己时刻绷紧政治这根弦。"广西崇左市宁明县爱店镇党委副书记甘世官说。

2022年4月，由于表现突出，甘世官被列为提拔考察对象，宁明县委组织部采用了反向测评的考核方式——《干部政治表现反向测评表》从政治忠诚、政治定力、政治担当、政治能力、政治自律等5个方面列出10种负面政治表现；《干部政治表现问题清单》则对干部政治素质负面表现进行细化。

"用负面清单'照镜子'，深化党员、干部对负面行为的认

知，考核更具象。"宁明县委组织部副部长李俍科说。

政治素质考察如何精准、具象化？广西的做法是对标对表党中央精神，制定正负双向清单。围绕政治忠诚等方面设置"24个是否"评价要点，对照"两个维护""五个必须"、坚决防止"七个有之"等要求列出 10 方面负面清单。聚焦落细落实习近平总书记重要讲话、重要指示批示精神和党中央决策部署，推动高质量发展，中央巡视反馈意见整改等，建立常态化检视政治表现"1+3"清单。

"学习党的创新理论和党中央精神流于形式、弄虚作假""贯彻落实党中央决策部署以及自治区党委部署要求装样子、做选择、搞变通"……负面清单上的每一条都直接深刻，为衡量、评价干部政治素质提供了重要标尺。

"以前在对干部进行政治定力、政治担当等方面考核时，没有具体的内容清单，往往把得不是很准。"来宾市委组织部相关负责人介绍，在 2021 年县（市、区）领导班子换届考察中，来宾市根据自治区制定印发的考核清单，将政治素质考察反向测评细化为"贯彻执行上级和本级党组织指示决定态度不坚决，搞上有政策下有对策""缺乏实干精神，遇事有畏难情绪"等 14 项指标，精准识别干部的政治素质表现。

"通过测评和深入考察印证，有 7 名考察对象因政治素质表现'一般'被取消提拔或进一步使用资格，有 3 名在职干部因政治素质评价'差'被调离岗位或免去领导职务。"来宾市委组织部干部一科科长覃廷当说。

为考准干部政治素质,广西一方面建章立制,研究制定维护党中央权威和集中统一领导规定、领导干部政治素质考察考核暂行办法等系列文件;一方面专门制定实施工作方案,在明确评价标准、丰富识别手段、规范考察程序等方面开展探索,构建系统化常态化研判工作机制,提升政治把关的可操作性和精准度。

考准考实,重在运用。广西把政治过硬作为选人用人首要条件,使用干部首先进行政治体检,重点看在政治忠诚等方面是否上下认同、前后一致。政治上不合格的,一律不作为动议人选、会议推荐参考人选、考察对象,一律不提交会议讨论。

首关不过,余关莫论。去年下半年,自治区党委组织部在考察一名县委书记人选时,发现其家庭信息不正常,经深入了解,查实其存在对党不忠诚、对组织不老实等问题,坚决取消考察资格并由当地纪委立案审查。2022年,全区共有12名政治上有瑕疵的区管干部被"筛下"。

考准识深,把功夫下在平时、抓在经常

红蓝相间的健身步道,微风中带着沁人心脾的花香……河池市都安瑶族自治县高岭镇高岭社区和三联村交界处风景如画。河里生长着海菜花,花开时小河成了流动的花带,"一条会开花的河"吸

引众多游客打卡。

旅游火爆的背后，是当地党员干部的锐意进取、担当实干。"项目推进最关键的是赢得群众支持。"高岭镇党政办主任梁月兰说，镇领导班子注重走好群众路线，一次次开会，一个个村走访，发动群众投工投资，确保项目按期落地。

"都安县乡党政领导干部贯彻落实上级决策部署坚决有力，工作思路清晰，对推动工作落实有见解有办法，对如何抓好下一步工作充满了信心。"自治区党委组织部调研组这样评价。

这一结论，来自一次"不打招呼"的调研。2022年7月的一天，都安县高岭镇来了一个调研组，正在集中精力研究乡村振兴有关工作的梁月兰与同事完全没有察觉，一行人便进了办公室。调研组发现，镇班子除1名副镇长在办公室外，其余全部外出。经过询问和查证，外出干部都在入村走访排查，临近中午12点还没回来。干部的工作状态，令调研组印象深刻。

这是来自自治区党委组织部的调研组，组织部主要负责同志带队，主要以"四不两直"方式，深入乡镇、村屯实地访谈一线干部群众，了解市县党政班子运行和班子成员政治表现等情况。

2022年8月初至9月中旬，为掌握换届后乡村振兴重点帮扶地区党政班子运行情况，自治区党委组织部采用"察在经常、考在一线"干部政治素质识别机制，由部务会成员带队深入63个县市，与230多名县级班子成员、近300名基层干部面对面谈心谈话，在全面推进乡村振兴一线、在乡语口碑中近距离、多维度、立体式观察了解干部。

"考察识别干部是一项系统工程,必须把功夫下在平时、抓在经常。"自治区党委组织部相关负责人说。

既要动态考察,也要有完备档案随时查阅。广西按照干部管理权限,采取"一班子一档"和"一人一档"的方式建档,分别建立区管领导班子政治建设档案、区管干部政治素质档案,全面持续记录干部政治表现。档案内容由相关职能处室负责按正向材料、负面材料和考察考核材料3个板块收集、整理、维护和运用。

"正面材料我们至少每半年更新一次,负面材料和考察考核材料则是实时更新,并在每次开展考察考核工作前先分析政治素质档案材料,研判干部的一贯表现,提升考察考核识别工作的针对性、实效性。"自治区党委组织部相关负责人说,目前,广西已全覆盖建立232个区管领导班子的政治建设档案和2004名区管领导干部的政治素质档案,日常维护、实时更新、经常研判、综合使用机制得到进一步健全完善。

针对政治素质档案的建设和管理,广西各地作了不少有益探索。贵港市开展干部人事档案专项审核,及时收集录入考察考核民主生活会、谈心谈话等方面信息。梧州市根据表现,在干部信息管理大数据系统内以"绿、蓝、黄、橙、红"五色进行区分,动态调整培养干部和选拔干部的工作方向;还安排107名优秀干部到市委

如何 始终保持干事创业精神状态

"九大行动"指挥部实践锻炼，收集反映领导干部政治素质方面的有效信息 1000 多条。

强化结果应用，及时提拔重用政治上过硬、实绩突出的干部

初春的阳光下，位于中越边境的百色靖西市多纳村，一片片郁郁葱葱的沃柑果园里硕果累累，果实飘香，果农们正忙着采摘。

"村里种植葡萄、沃柑、百香果等水果 3800 亩，人均 1.2 亩果，果实丰收大家赚了钱，这份成绩有欣姐一半的功劳。"多纳村党支部书记、村委会主任谭如泼口中的"欣姐"，是该村后援单位的联系领导、靖西市委组织部副部长农碧欣，她认真贯彻落实上级决策部署，带领党员干部群众大力发展乡村振兴特色产业。2022 年 8 月，农碧欣被百色市委评选为"黄文秀式好干部"。

"我们建立'黄文秀式好干部'考察识别机制，将考察工作嵌入各项中心工作，一线跟踪考察干部在关键时刻的政治态度、处置复杂问题的决策水平和应对突发事件的工作能力，近距离掌握干部担当履责情况，对于表现好的干部及时提拔重用、奖励。"百色市委组织部常务副部长黄向明说，2022 年以来，在急难险重一线识别出 35 名"黄文秀式好干部"，提拔重用好干部 56 名、晋升职级 224 名。

考是基础，用是关键。广西充分发挥干部政治素质考核结果扶正纠偏作用，对考察考核发现的信念坚定、对党忠诚、顾全大局、

有政治定力的干部及时提拔或进一步使用,对工作中存在偏差的严肃批评教育、坚决及时纠正,对政治上有问题的一票否决。

同时,把考察考核结果与评先评优挂钩,融入监督管理。对思想政治上存在苗头性、倾向性问题的干部,及时提醒谈话、咬耳扯袖;对政治体检不健康的干部,视情况分别给予调整岗位、降职免职等处理。

自治区某直属单位的一名主要领导,抓工作有想法,工作雷厉风行,但在日常了解和年度考核中有反映,其落实民主集中制不到位,规矩和纪律意识不够强。自治区党委组织部经过综合研判,对其进行谈话提醒。

近年来,广西还着力健全干部政治素质考察考核"回头看"机制,开展换届后设区市领导班子运行情况专题调研,跟踪掌握干部任职后政治表现等情况。

"工作中下乡少,对基层了解少;党建工作亮点不多;统筹能力需提升……"29岁的王舒担任灵川县兰田瑶族乡党委委员已有两年,谈及组织对其初上任后的回访回评依然记忆犹新。通过测评和个别谈话,灵川县委组织部干部政治素质回访回评考察组指出了王舒的不足,并指明了改进建议。

"这些建议一直指导着我后来的工作。"谈话之后的王舒思考了很多,也做了很多。开展党建工作检查,对村党组织阵地进行提质升级,引领村民发展适宜产业增收……如今的兰田乡,竹林下种赤松茸，山上种罗汉果，稻田里养鱼，收稻后种菜，乡里所辖全部行政村村级集体经济收入都超过10万元。

"通过开展'回评'工作，既全面深入了解干部的日常表现，又传导再接再厉、感恩奋进的压力，还掌握了个别单位的问题和干部存在的不足，为优化班子配备、加强干部队伍建设起到强力促进引领作用。"自治区党委组织部相关负责人说。

（祝佳祺　庞革平　《人民日报》2023年02月14日第19版）

第二编
把敢为善为的干部选好用好

福建宁德市丰富发展"四下基层"工作机制——
基层壮筋骨　一线长才干

"老李，最近又刮旋风了没？"顶着烈日钻进树下，王祖联一边帮村民收拾枝杈，一边打听天气状况。

王祖联是福建宁德市清源镇党委书记。作为年轻干部，他在市委组织部的统一组织下，2022年从市政协机关纪检监察组调任而来。

"九成是山，剩下的水、田各半；以传统农业为主，工业几乎为零；全镇1.73万户籍人口，在家的不到1/3。"王祖联一开口就勾勒出了清源的镇情。如此禀赋和条件，如何推进乡村振兴？初来乍到的他曾感"压力山大"。

干，才有出路。王祖联带着清源镇一班人落实产业规划、用足金融政策，高质高效推进特色产业发展。目前完成了种植茶叶 2 万亩、猕猴桃近 3000 亩、林下中草药 2000 多亩，数量都在全县前列。

如今在宁德，大批像王祖联一样的年轻干部在基层一线"经风雨"，扑下身子为老百姓干实事谋福利，自己也收获了沉甸甸的成长。

到基层一线去，锤炼干事本领

2022 年，宁德出台《关于大力弘扬"四下基层"优良传统组织年轻干部到乡村一线培养锻炼的意见》，从创新干部培养、深化干群联系、健全人才流动、完善成果转化等 4 个方面，建立健全年轻干部培养锻炼长效机制。

"一些年轻干部不缺学历缺经验、不缺理论缺实践，不同程度地存在对基层情况不熟悉、贴近群众不够等问题；农村也面临人才紧缺、干部能力素质跟不上等困难，制约着乡村振兴。"宁德市委常委、组织部长陈惠说，让年轻干部到乡村"墩苗壮骨"，也是落实习近平总书记在宁德工作期间亲自倡导推行的"四下基层"制度的行动之一。

通过挂职锻炼、交流任职等方式，宁德的年轻干部分批次到基层和艰苦地区经风雨、见世面、壮筋骨、长才干。2022 年，宁德选派 10 名市直机关优秀年轻干部担任乡镇党委书记，选派 62 名选调生担任村党组织书记或村委会主任助理，41 名年轻干部到县信访局、乡镇班子和乡村振兴服务中心挂职锻炼。

王祖联就是10名乡镇党委书记之一。"原先干的是行业领域内的活儿，相对单一。现在只要是镇域内的事儿，不管大小都要放在心上。"他这样概括自己工作的变化。

海拔600多米的竹坪村，年日照时间长，条件适合种植猕猴桃。一有空，王祖联就往竹坪村跑。"王书记经常来，为我们解决实际困难，还帮着理清发展思路。"种植基地负责人李长春说。

2022年10月，得知金融部门推出乡村振兴专项贷款消息后，王祖联立即帮李长春牵线搭桥。"月初申请的200万元贷款，月底就到账了。"李长春说，这笔贷款额度大、到账快、利息低，正好用来支付开荒改植、肥料人工等费用。

农业既要靠种植，又要应对极端天气；要谋划发展，还要处理矛盾。王祖联邀请福建省农科院专家，到竹坪村指导村民种植技巧；同时，搭建清源镇矮山片区猕猴桃党建联盟，整合技术、市场资源，引导乡亲们抱团发展。

2022年7月开始，清源镇4个月没下雨，多个村子出现用水困难。正当王祖联为找水焦头烂额时，两个村子还因抢用灌溉水发生了争执。

"我叫王祖联，是清源镇党委书记，大家务必冷静！"他抓起喇叭亮身份，站在了两村村民中间。

"镇上出资打了一口水井，先解决燃眉之急，再把双方村干部和群众代表叫到一起，商定用水分配办法。"王祖联说，该道歉的道歉、该赔偿的赔偿，并商定用水分配办法，两村重归于好。

如何 始终保持干事创业精神状态

类似难题，张超上任后也遇到一件。他是选调生，2023年2月被安排到福鼎市太姥山镇东埕村担任村委会主任助理。"查档案时，我发现村里一处近20亩的地块，亩均租金仅有3300元。"张超说。走访中他了解到，租客当起"二房东"赚差价。

"我们是签了合同的，你要想涨租金，就去法院告你！"租客气势汹汹地上门威胁。"别闹得不好看，不如先提到5000元，以后再慢慢上涨。"也有人前来递话说和。

"这块地交通便利，周边租金已经1万多元。这么低的租金，很不对劲。"张超找到村支书周克玲商量，"合同即将到期，再不回归正常价格的话，村集体还要继续吃亏。"周克玲鼓励他："只要是出于公心，没什么好怕的，我支持你！"

张超邀请第三方资产评估公司评估土地价值，联系律师查看合同条款，为提租谈判做好充分准备。最终，东埕村以每年每亩1万元的价格将该地块出租。"村集体每年增收13万多元，我们准备用这笔钱建设健身广场，让老百姓分享集体经济成果。"张超说。

"硬骨头啃多了，办法就多了，底气更足了，干事创业的本领自然就更强了。"张超说。

到群众中去，提升群众工作能力

宁德市委组织部曾有一份调研报告显示：全市35岁以下干部中，没有农村工作经历的有7000多人，占比达2/3，不少干部存在对基层情况不熟悉、群众工作方法缺乏等问题。

"我们分批组织年轻干部到农村开展实践锻炼，每批为期 3 个月，每月集中开展 5 天、累计不少于 15 天，力争在 3 年内覆盖 35 岁以下没有乡村工作经历的年轻干部。"宁德市委组织部副部长陈梅仔说。

宁德市要求每名年轻干部至少与 20 户群众拉家常，通过看"田面、人面、市面、路面、屋面、桌面"，了解掌握村情民情社情，帮助协调解决群众急难愁盼问题。

32 岁的杨龙贺是一名博士选调生，完成一周的岗前培训后，他就被派到了寿宁县南阳镇含溪村担任第一书记。

含溪村是南阳镇最偏僻的村，到镇上要走 11 公里的山路。"以为自己去的是东南沿海，没想到一来就被派进了山沟。"杨龙贺说。刚开始对如何开展工作手足无措，他决定先入户了解村子情况。

"听说他是博士，不会'镀镀金'就走了吧？""他没经验、没资源，能给咱村带来啥？"面对议论，杨龙贺不为所动，继续走村入户。

一段百余米的村道，被车辆压坏后，久久未能修复。"不少村民反映这个问题，可钱从哪里来？"人生地不熟的杨龙贺，凭着一股冲劲，找到了县交通局的一名副局长。"他看我为乡亲们的事东跑西走，很受感动。正好局里有相应项目可以支持。"杨龙贺说。不久后，村道修整一新，村民对他刮目相看。

如何 始终保持干事创业精神状态

"我就住在村部，从那之后，越来越多老乡找我聊天，对村子发展提意见。"杨龙贺办了一件实事，也打开了一扇门。

更换年久失修的路灯、为村中心荷塘布置夜景、在有安全隐患的溪边加装护栏……随着一件件小事的解决，杨龙贺慢慢走进了村民心里。

年过七旬的叶婆婆和7岁的孙子都是聋哑人，每次外出回到村里，杨龙贺总会带点米面油前去探视。2022年8月的一天傍晚，叶婆婆来到村部，往杨龙贺怀里塞了一个塑料袋转身就走。"我打开一看，是15个鸭蛋，一下子鼻子就酸了。"杨龙贺动情地说。

村里后来开展人居环境整治，动员村民发展舍饲养殖、拆掉私搭乱建的鸡窝猪圈，"不等村干部上门做工作，叶婆婆就主动拆掉了棚圈，让我很感动。这也说明，只要用情用力，就没有难做的群众工作！"

问需于民、问计于民，也是张超的工作办法。"驻村以来，我走访了将近100户群众。"张超说，"有时经过茶园，就跟着老乡学采茶，聊聊对村里工作有啥建议。"

2022年11月，村里开始征地，涉及81户。"有一天晚饭时，我买了一箱牛奶去村民家里做工作。碰巧老乡从地里回来，正喝着自家酿的米酒解乏，让我也尝一尝。"

喝还是不喝？张超颇为纠结。"想着先干为敬，我就喝了一大碗，再详细介绍征地政策，解释后续保障措施，打消乡亲们的后顾之忧。"张超说。老乡看他为人实在、不端架子,口风终于松动。

"做科研、写论文要费脑筋,做好群众工作更要花心思。和乡亲们打交道,讲实话、讲真话,才能拉近彼此距离;设身处地为他们着想才能得到支持。"张超俨然已是群众工作的行家里手。

将心比心、以心换心,年轻干部们褪去青涩和稚嫩,用真心付出得到了老百姓的认可。

到火热实践中去,为基层带来新理念

2023年2月20日深夜,太姥山镇突降暴雨。樟岐村一家养猪场因排水不畅,造成污水外泄,导致东埕村七八家养鱼户的鱼短时间内大量死亡,受损养殖户赶到养猪场讨说法。"我们到的时候,张超已经在安抚乡亲们的情绪。"周克玲说。

"为了避免产生纠纷,他找来矿泉水瓶,在猪场和鱼塘里取样,送到福鼎市生态环境局化验比对。"周克玲说,最终为养鱼户争取了11.7万元赔偿,养猪场能承担得起,老百姓也很满意。

固定证据、数据说话,目睹张超的处理过程,周克玲很感慨:"年轻人的到来,的确为基层带来更先进的治理理念。"

2022年9月,汤秀梅从宁德市国有资产投资经营公司来到寿宁县信访局挂职副局长。

法学专业出身的汤秀梅,利用专业知识将信访事项分类处理。她参与解决历史遗留问题和源头治理两个专项行动,从57件历史积

案中梳理出 13 件涉法涉诉事项，建议上访人通过司法途径解决问题，经她梳理出的历史遗留问题，化解率在 96% 以上。

"她在信访事项化解过程中，善于运用法治思维，悉心引导信访群众、相关单位依法办事。"寿宁县信访局局长王枝松说，2022 年全县信访总量、重复信访占比、网上信访量同比分别下降 14.7%、29.8%、21.3%，并成功获评"全国信访工作示范县"。

跟汤秀梅一批，陈志勇从宁德市文旅局调任福鼎市嵛山镇党委书记。嵛山岛风景秀丽，旅游发展迅速，但基础设施滞后，游客体验较差。

陈志勇发挥所长，争取上级支持筹建旅游环岛公路，并配套建设游客驿站、观景台等设施；打造海岛民宿样板区，引导当地群众将自家住宅改造升级成乡村民宿；引进集小吃、火锅、购物、娱乐等功能为一体的文旅综合体；策划举办音乐文化节，提升海岛知名度……

多年文旅部门的工作经验充分释放，陈志勇为嵛山岛带来新活力。

如何让年轻干部尽快融入基层，充分发挥专长，在基层一线闪光？宁德形成了一套工作机制。

宁德按照"一县一主题"，组织编写《宁德市年轻干部"四下基层"教材选辑》，形成系统规范的课程体系，并打造 104 个实践基地，便于年轻干部深刻感悟习近平新时代中国特色社会主义思想的真理力量和实践伟力，目前已经开发出 320 多个实践项目。同时，宁德遴选 110 多名经验丰富的领导干部、老干部、乡村振兴指导员等担任实践导师，实行"师带徒""导师帮带"制度，及时解疑释惑。

为加强挂职任职年轻干部的日常管理，宁德坚持"实绩"导向，经常性、多渠道考核了解其现实表现，作为年度考核、奖励惩处、选拔任用的重要参考。对担任乡镇党政正职的干部，宁德市委组织部针对性实施单列考核，了解其敢不敢扛事、愿不愿做事、能不能干事，考准考实干部干了什么事、干了多少事、干的事组织和群众认不认可，激发干事创业的积极性。

宁德还建立了优秀年轻干部信息库，有针对性地加强跟踪培养，在提拔使用、职级晋升、评先评优中优先考虑。2022 年以来，一批选派实践锻炼的优秀年轻干部脱颖而出，从中提拔使用 58 人、职级晋升 66 人、交流到重要岗位重要部门使用 43 人、当选"两代表一委员"13 人。

活动开展以来，有效促进了干部长才干、群众得实惠、乡村添活力。采访中，一些市直、县直机关负责同志不约而同地表示，参加实践锻炼后，年轻干部们工作作风更加务实进取，在落实工作中更能站在群众角度考虑和解决问题。

（付文　施钰　《人民日报》2023 年 06 月 06 日第 18 版）

如何始终保持干事创业精神状态

广东省深圳市创新"知事识人、序事辨材"干部工作体系——
把能谋事干事成事的干部选出来用起来

"自己干的每一件事情,组织上都能看到,都有记录,这是一种激励,也是一种鞭策。"从一尺多厚的信访卷宗中抬起头来,广东省深圳市宝安区信访局综合科科长孙帅说。

3年多来,孙帅和同事们一起开展信访积案集中攻坚,化解积案难案135宗,一批10多年乃至20多年的积案得到彻底解决。孙帅也在组织部门的"贴身"考核中被评为素质高、能力强、能干事的"硬"干部,得到进一步使用。

在干部选用中,考得准,才能用得好。深圳创新探索"知事识人、序事辨材"干部工作体系,紧紧扭住"事"这个牛鼻子,把知事序事作为识人辨材的必由之路,通过谋事、干事、成事的能力考察识别干部,建立"事、岗、人、能"干部四维坐标体系,以精准识人确保科学用人。

由事到人,选出干事的干部

"由人到事"是先推荐人,再考察事,存在给"印象分"、打"感情牌"的可能。"有的干部工作出色,但不善于总结和宣传。这就可能造成'干得好,不如唱得好'的现象。"深圳市委组织部有关负责人说,"知事识人、序事辨材"干部工作体系在理念、路径、方法、结果运用上全面锁定"由事到人"。"序事",就是把事情按重要性一件一件排列;"辨材",就是辨别干部的"材质",选出干事的干部,画出干部能力图谱,为选拔任用、人岗匹配打好基础。

深圳市委组织部每半年组织各单位填报单位3—5项大事要事,每年派出7—10个考核组全覆盖考核各单位大事要事,考核组日常列席经济调度、信访稳定、疫情防控等市委市政府重大会议,全过程跟踪了解党代会报告、政府工作报告确定事项的落实落地情况,分门别类形成各单位干事清单,确保组织部门对全市大事要事做到"门儿清"。

此外,建立单位序事表和个人述事表两张表,让事和人形成"强关联"。在干部考核中,考核谈话先问干事情况,再谈具体人。列席会议听上级和市委市政府对事、对人的评价，经济指标、舆情信息、群众反映综合形成"红黑点"，再对照单位分工、处室业务、岗位职责进一步条分缕析，不仅能找出干事的人，还能分出谁主办、谁协助、谁参与。

在2020年的专题调研中，深圳组织部门围绕先行示范区"五大定位"列出大事73项，在这些事上找出优秀干部469名。对"出台深圳经济特区个人破产条例"等多个单位合作事项，找出牵头单位、明确主办人员，以贡献度论功行赏，不搞"雨露均沾"。

"组织主动找干事的人，不用干事的人分心找组织，让我们在埋头干事中体会到'功成必定有我'的荣誉感。"深圳市中级人民法院知识产权法庭副庭长蒋筱熙深有感触。作为深圳综合改革试点项目"新型知识产权法律保护"工作专班的主要成员，她牵头起草完成了《关于知识产权民事侵权纠纷适用惩罚性赔偿的指导意见》，主审的多宗案件被选入全国典型知识产权案件。

"我们通过实地走访、跟班嵌入、面谈考问等方式，准确测量每个人的贡献作为。"深圳市中级人民法院有关负责人说，近年来该院已发现并提拔重用了包括蒋筱熙在内的50余名素质高、有能力、能干事的优秀干部。

通过精准客观的考核评价，岗位需求与干部能力相匹配，深圳"百里挑一"将优秀干部选出来、放到关键岗位用起来，锚定全市改革发展重难点问题，引导优秀干部积极"揭榜挂帅"，主动到急难险重岗位上担当作为、干出成绩。

考准考实，严把政治首关

选派干部到艰苦地区工作，有些干部毫不迟疑，背起行李就上路；有些干部则患得患失，把待遇安排作为先决条件。

选派干部到基层任职，有些干部只是想获得个人履历加分项；有些干部则不讲条件、不问待遇，沉下心在基层大展拳脚。

…………

在深圳，每一名干部在面临重大任务、重大斗争、关键时刻时的表现，都被一一记入干部政治素质档案，成为定量评分的依据。

政治素质是领导干部第一位的要求，政治把关是选人用人第一位的任务。在实践中，对干部政治素质既不易下判断，更不好定优劣，考而不准、考而不实、考而不用等问题仍然存在。

"我们把序事机制的首要事项对标对表习近平总书记重要指示批示精神和党中央重大决策部署，聚焦抓改革促发展等重大任务落实、抓安全保稳定等重大斗争表现，开展个人检、领导评、群众议、组织审，画好干部政治素质肖像。"深圳市委组织部有关负责人介绍，深圳制定了《关于考准考实干部政治素质的若干措施》，设定正反双向评价清单，对干部确定"好、较好、一般、较差、不合格"5个等次，针对不同岗位提出具体指标和考核重点，定量评分。

如何 始终保持干事创业精神状态

此外，深圳还组建了一支以市区组工干部为主体的400多人的考察考核员队伍，配套业务操作流程规范，搭建大数据云平台动态收集、结构化分析干部政治素质，同时开展政治家访，对干部的群众口碑、政德操守、担当作为等情况进行系统总结梳理，"一人一档"建立了781个重要岗位领导干部的政治素质档案，在干部提拔任用、表彰奖励等工作中坚持必核必查必看。

2021年深圳市区领导班子换届工作中，对政治素质过硬、经得起检验的干部，集中提拔使用82人，对143名政治表现良好、有发展潜力的干部，通过中青班、工作专班等多种形式选派到前海、光明科学城、乡村振兴一线压担子；对考核考察发现政治敏锐性不强、家风家教失德、干工作"挑肥拣瘦"的，一律终止程序不予使用。

精准识别，推动能上能下

在企业走访中，深圳市坪山区产业资本投资有限公司负责人蓝澜发现，辖内一家生物医药企业研发的早癌筛查试剂项目在临床认证的关键时期，陷入了资金短缺的困境，面临"倒在最后一步"的危机。于是她主动请缨，担任企业融资顾问，制定商业计划书，多渠道寻找投资机构。连续开展10余次路演，对接30多家创投机构，终于帮助企业完成上千万元的融资，项目研发得以顺利完成。

2021年以来，蓝澜带团队协助坪山区产业部门发起设立10

余个产业基金,协助近百家企业对接投资机构,为20余家企业融资金额近8亿元。因为肯干事、能干事、干成事,蓝澜得到提拔重用。

通过"序事辨材",把干部干事情况梳理清楚、摆上台面,为实现能者上、庸者下提供了重要支撑。"有为者有位、优秀者优先、吃苦者吃香、能干者能上"的用人导向,激发了干部队伍干事创业、敢啃硬骨头、争当奋斗者的工作热情。

推进干部"能上能下",重点和难点在于解决"能下"问题。

深圳以"序事辨材"为契机,用对干部的精准识别,做到了"下之有据",打通干部"能上能下"通道。2020年以来,深圳"下"局级干部46名,其中平职调整8人次,转任职级公务员17人次,免职12人。

能者上、优者奖、庸者下、劣者汰的良好局面,激励着干部队伍担当作为。两年多来,深圳围绕落实综合改革试点等重大改革、重大平台、重大项目实施"百名干部破百题",综合改革试点首批40条授权事项全面落地,形成100多项制度成果和18条创新举措。

(程远州 《人民日报》2023年06月13日第19版)

如何 始终保持干事创业精神状态

工作主动在状态　担当作为出实绩
——陕西安康汉滨区优化干部考核机制见实效

　　从20世纪90年代起，陕西省安康市汉滨区兴安小区的部分居民开始在小区主通道两侧搭棚做生意，逐步形成了一个规模较大的菜市场，方便群众买菜的同时，也使得小区内交通不便、环境脏乱、消防隐患多。过去30年里，当地曾3次启动专项整治，最后都不了了之。2023年8月底，市、区两级政府再次启动专项整治，其中老城街道承担了95户150间商铺分流拆违任务。

　　面对这项难题，老城街道党工委拆解任务，以每户10分的标准对完成任务的团队予以奖励。街道干部主动回应群众诉求，面对面沟通宣讲政策、打消疑虑，在一对一协助商户分流安置中赢得信任支持。最终，历时4个月完成了拆违任务。"易地建设的新市场干净整洁、统一正规，我们搬进来后，生意更好做了。"商户李东伟高兴地说。

"过去，这些难干的事，大家积极性不够高；现在有了新的考核机制，主动性大大增强了。"老城街道党工委书记来波峰说。2023年初，汉滨区推行"三亮三评三运用"干部考核机制，让每名干部定期亮岗位职责、亮工作任务、亮工作实绩，对干部工作绩效进行领导评鉴、干部评价、社会评议，推动以岗位履职定实绩，以综合评鉴看优劣，以精准运用明导向，取得明显成效。和往年相比，2023年全区党员干部收集化解群众困难诉求增加623件，帮办、代办服务增加396件，数量和质量均有提高。

根据不同工作特点，调整加减分项和赋分权重，让考核更加精准

"一个对号管一年""干与不干、干多干少、干好干坏一个样""一部分在干、一部分在看"……汉滨区委在调研中发现，过去部分基层单位存在对干部的个人考核与对单位的集体考核结合不紧密，考核目标针对性不强、方式精细化不足、结果准确度不高等问题，导致一些干部的干事创业积极性不够。

"过去，一些干部年初工作没计划，年底考核一笔划。现在重点工作是什么、关键任务怎么做、考评标准更明确，大家心里就更

有底了。"汉滨区建民街道党工委书记马金乾说，对干部的考评内容包括岗位职责履行情况、主动完成急难险重任务情况，以及分管领导、其他干部、群众的综合评价。

建民街道黄石滩村地处偏远，此前有的街道干部不愿包联。在新的考核机制激励下，街道干部张寿成主动请缨："我跟群众打交道多，经验更丰富，到村里工作也更能锻炼自己。"

汉滨区按党政正职、其他科级干部和一般工作人员分别制定考核办法。党政正职由区委直接考核，侧重所在单位年度目标任务完成情况，实行"一年一亮一评一排名"；其他科级干部和一般工作人员的考核由各单位党委（党组）组织实施，其中科级干部侧重分管工作任务完成情况，实行"一季一亮、一年一评一排名"；一般工作人员侧重岗位工作任务完成情况，实行"一月一亮、一季一考、一年一综评"。干部在对应的考核单元中依据得分排名，据此兑现奖惩。

为了增加考核透明度，各单位还定期公示全体干部的岗位职责、工作任务、工作实绩及得分排名情况，接受干部群众监督，促使干部比实绩、拼干劲。

"在区委出台的考核办法基础上，部门、乡镇街道可以根据不同工作特点，有侧重地调整加减分项和赋分权重，让考核更加精准。"汉滨区委常委、组织部部长贺富莉说。在制定绩效考核办法过程中，区委要求各单位党委（党组）充分听取全体干部意见建议，避免一些单位为了完成考核任务而应付，让绩效考核实起来、细起来。

引导干部在完成岗位工作外，打破单位、岗位界限，参与专项攻关

为进一步鼓励干部真抓实干、破解难题，汉滨区委探索"专项攻关"办法，引导干部在完成岗位工作外，打破单位、岗位界限，参与难题攻关，以更广范围、更大力度统筹可用工作资源，实现"谁能干就让谁上，谁干成就给谁奖"。

汉滨区五里工业集中区一家饮料企业因资金链断裂，即将关停，园区管委会把盘活该企业列入专项攻关计划。熟悉园区企业发展情况的干部唐雷和有招商工作经历的干部朱峰组团攻关，千方百计引进西安市一家公司投资，为该企业走出困境提供了帮助，园区也在考核中给两名干部打了高分。

在唐雷、朱峰二人带动下，五里工业集中区11名干部积极参与专项攻关，帮助61家企业纾困解难。2023年，园区新增入园企业23家，规上工业产值同比增加32.3%。

"专项公关解决了一批难办的事，也让我们发现了一批有专长的干部。我们给这些干部更多积极评价，激励其他干部主动提升能力，敢于担当作为。"汉滨区委书记范传斌说。据统计，考核办法实施以来，该区累计运用考核结果提拔重用干部120名、晋升职

级（等级）664人次，51名干部主动申请到重点帮扶村担任第一书记。此外，也有一些干部因工作不力、不担当不作为，被调整工作岗位，或暂缓晋升职级。

点上找问题，面上找规律，推动减负增效，激励干部敢于担当、善于作为

根据考核流程设计，每名干部的任务清单、实绩清单、个人申报得分和分管领导审核结果，都要全程公开接受监督。干部如有异议，可以申诉复议。

汉滨区委对在册的6783名干部实行分类考核，通过考核指挥棒倒逼干部工作主动在状态，服务群众上台阶，担当作为出实绩，最终将考核潜能转化为推进乡村全面振兴、加快经济发展、维护社会稳定的干事动能。

"探索推行'三亮三评'考核，为推进全面从严治党、强化干部管理提供了有力抓手，实现干部作风能力和全区经济社会发展'两手抓、两不松'。"范传斌说，汉滨区将继续做深做实绩效考核，持续推进以考促干、以考促建、以考促优，营造风清气正政治生态，打造一支真抓实干的高素质专业化干部队伍。

汉滨区探索推行干部绩效动态考核，很好地解决了一些干部管理难题，但在推进过程中也有一些新困惑。比如怎样处理考核指标设置的相对稳定性与基层急难险重工作的突发性之间的关系，怎样科学确定人数较少单位各层次人数比例，怎样预防随意打分等，特别是如何进一步简化流程，使考核"于法周延、于事简便"。

对此，汉滨区委组织部负责同志很有信心："我们坚持点上找问题、面上找规律、稳慎做减法，在简化流程、合并审核层级、提高信息系统算力上下功夫，确保考核既通过过程记录实现过程管控，又能通过对规律的把握在操作上更加便捷，进而推动减负增效，激励干部敢于担当、善于作为。"

（龚仕建　《人民日报》2024年02月22日第12版）

如何 始终保持干事创业精神状态

让敢为善为、奋发有为蔚然成风
——江苏省进一步健全担当作为激励和保护机制

干事担事,是干部的职责所在,也是价值所在。营造"干部敢为、地方敢闯、企业敢干、群众敢首创"的浓厚氛围,干部敢为是首要、是关键。

近年来,江苏把激励干部担当作为放在高质量发展大局中系统谋划,放在干部选育管用工作中大力推进,出台《关于进一步激励广大干部在推动高质量发展中担当作为的若干措施》,拿出20条硬举措为担当者担当、为干事者撑腰,有力推动干部敢为善为、奋发有为。

匡正干的导向，以正确政绩观引领干事创业

"面对新形势新任务，是否思想还停留在过去？""在实际工作中，有没有对构建新发展格局领会不深、思路转变不及时、方法调整跟不上的情况？"这是南京市委党校（市行政学院）第36期中青班的课堂上，一番让人"红红脸、出出汗"的探讨。

2023年以来，南京市委组织部整合教学资源，将"学习领会习近平总书记关于正确政绩观的重要论述"等内容纳入中青年干部培训等市委党校（市行政学院）主体班教学内容，通过典型案例剖析、主题研讨，帮助年轻干部树牢正确政绩观。

充分发挥干部教育培训的先导性、基础性、战略性作用，江苏将政绩观教育作为各级党校（行政学院）、干部学院开学动员"第一讲"必讲内容、主体班次必修课程和干部培训必训内容，用好"小班化、拉练式"培训模式和正反面典型案例教育，让干部深刻理解什么是正确政绩观、怎样践行正确政绩观，从思想深处回答好"我是谁、为了谁、依靠谁"的问题。

考核具有牵引性、导向性，考什么会引领干部干什么，怎么考会影响干部怎么干。

前不久，宿迁市一家汽车城项目拿到了59.91亩商业用地，由于该地块以前种植的是苗木和小麦，企业需从生态产品交易中心购买一定数额的"绿票"，反哺生态治理。通过第三方评估和政府审

定，最终企业购买了17.17万枚"绿票"，同时获得"绿票"绑定的10.9亩杨树的收益权。

围绕生态产品价值实现评估难、抵押难、转化难、变现难等问题，2022年以来，宿迁市将生态产品价值实现机制纳入政绩考核，重点考核各县区各功能区特定区域生态产品价值总量（VEP）核算、生态产品经营开发、平台打造、权益产品交易等内容。目前，该市基本建立了VEP核算规范化运作体系，形成"绿票"、花木贷、水权交易等特色做法，累计交易"绿票"116.81万枚。

2023年以来，江苏将树立和践行正确政绩观情况纳入干部考核考察的重要内容，修订完善综合考核体系，使考核指标更加聚焦科技自立自强、构建新发展格局、农业现代化、基层治理和民生保障等，着力破除"政绩大锅饭"现象，引领党员干部始终在正确的轨道上推动高质量发展。

"我们充分发挥高质量发展综合考核的风向标、指挥棒、助推器作用，把树牢为民造福的政绩观作为完善考核制度体系的重要内容，推动干部多做打基础、利长远、惠民生、得民心的事。"江苏省委组织部有关负责人说。

让有为者有位，把敢为善为的干部选好用好

"审批比以前至少压缩了13个工作日！"2023年，总投资100亿元的南都智慧储能项目在扬州（邗江）汽车产业园顺利落地，时

任扬州市邗江区槐泗镇行政审批局局长许剑成就感满满。

驻扎园区近四年，许剑交出了一份优异的招商引资成绩单：协调部门解决企业转型升级等诉求195条，服务27家企业获评省市专精特新企业……2023年底，因工作表现突出，他被提拔为槐泗镇党委政法委员。

基层一线是培养、锻炼、发现干部的主战场。近年来，邗江区平均每年选派100余名干部到招商引资、重大项目、信访维稳、环保攻坚"四个一线"实践锻炼，常态化开展"进企业、比服务、看担当"活动，在一线历练中选好人、用对人，为高质量发展点兵选将。

让有为者有位，主动担当就会蔚然成风。南通市通州区把考察干部的"探头"延伸到重大项目建设最前沿，派出考察组进驻现场，嵌入式、近距离、全方位考察干部在规划分析、统筹协调、应急处突、群众工作中的实际表现。围绕"干了多少""难度如何""干得怎样"三个维度，设置负重、承压、创先三类指数，精准掌握干部担当作为情况。

"作为组长，我要带领团队成员妥善做好沿途10类管线、1万多棵苗木的前期迁移工作，还要在9个月内完成两个标段2.98公里高架路的建设任务，说不紧张、没压力是不可能的。组织把我派到急难险重任务一线，我更要加把劲、努力干。"回忆起参加江海大道东延段建设时的场景，时任通州区园林绿化管理中心副主任张赟

如何 始终保持干事创业精神状态

依然历历在目。

江海大道东延段建设投资大、施工难度高、工艺复杂，通州区委组织部先后抽调70多名年轻干部参与项目建设，张赟就是其中一员。专业门槛高，她白天在现场向专业人士请教，晚上梳理笔记、钻研业务；群众工作难，她一户一户跑、一个一个谈，确保正式施工前所有迁移全部到位；工期任务紧，她吃住在工地，和施工人员探勘现场，研究施工方案，为工程按期竣工、顺利通车作出重要贡献。2023年3月，她被提拔为区交通运输局党组成员、总工程师。

"正确用人导向是对干部最大的激励。我们坚持'一线选、一线练'，把在重点工作中挑大梁、扛重担的骨干作为重点选拔对象，进一步树立重担当、重实干、重实绩的鲜明导向，营造出干字当头、奋勇争先的浓厚氛围。"江苏省委组织部有关负责人说。

完善激励保护机制，为实干担当鼓劲撑腰

"产业发展中总会遇到各种棘手问题，绕开走是解决不了问题的，只有敢闯敢拼才能不断推动创新突破。"苏州工业园区自成立起就承担着改革试验田、开放排头兵的使命，作为园区党工委委员、管委会副主任，孙扬澄对创造性作为有切身体会。

此前，园区内有一家生产高端医疗设备的企业，产品销往全球各地。在产品售后维修中，受相关规定限制，企业无法将自产出口产品运回园区维修，一定程度上削弱了企业竞争力。为此，孙扬澄

和同事一趟趟向上级部门汇报争取，与属地商务、海关等部门反复磋商，按照"合法、合规、审慎包容"原则，制定整套监管方案。最终，企业获准以加工贸易方式开展自产产品进境维修业务，进出口总额连续三年保持10%的增幅。

干部敢为善为，底气来自组织。早在2017年，苏州就出台了《激励改革创新担当作为容错纠错实施办法（试行）》，为首创性、引领性的改革创新实践和制度探索提供充分试错机会；2023年5月，苏州出台《关于落实"四敢"要求推进风险报备工作指引（试行）》，进一步细化完善容错纠错风险备案机制，建立"备案申请—分级受理—风险评估—研究审核—情况反馈"工作全链条。

2023年，江苏在《关于进一步激励广大干部在推动高质量发展中担当作为的若干措施》中，从压实主体责任、推动业务部门细化情形和程序、落实"三个区分开来"等方面综合施策，进一步完善风险报备、容错纠错、澄清正名等机制，让干部心无顾虑谋事、放开手脚干事。

楼房保修期内出现外墙墙面脱落及渗水，眼看雨季即将到来，维修除险刻不容缓。这是2023年4月，淮安市洪泽区银座小区面临的难题。考虑到本应负责维修的开发商因经营不善进入破产程序，洪泽区住建局物业管理分管领导李超建议，由社区提出申请使用专项维修资金进行维修，工程预算费用从小区维修资金中列支，再向银座破产管理人追讨工程款。经过维修，安全隐患得以排除，赢得

如何 始终保持干事创业精神状态

群众点赞。

"认真落实'三个区分开来',虽然李超的行为违反了《淮安市住宅专项维修资金管理办法》相关规定,但出发点是为尽快排除安全风险、维护群众切身利益,系出于公心,且未从中谋取私利,2023年5月,经研究并报区委同意,对李超免于追责。"洪泽区纪委常务副书记、监委副主任张明成说。

"我们将继续旗帜鲜明为担当者担当、为负责者负责、为干事者撑腰,让干部在经济发展、民生保障主战场放下包袱、大展拳脚,凝聚起干事创业的强大合力。"江苏省委组织部有关负责人说。

(姚雪青　《人民日报》2024年02月06日第01版)

第二编
把敢为善为的干部选好用好

以组织担当激励干部担当
——辽宁省树导向、优素质、建机制

"镇内 24 座桥梁护栏的维修改造项目已经顺利通过验收，2024年计划申请资金修缮村间道路，综合文旅项目正开展立项前的选址、勘测等工作……"在辽宁省鞍山市海城市岔沟镇，副镇长于涵正梳理近期重要工作，和镇里的党员干部一起紧锣密鼓地推进。

于涵当过大学生村官，后以选调生的身份在海城市委组织部任科员。"此前，我向组织提出到基层锻炼的申请，恰好赶上省里制定出台关于选拔'五方面人员'进入乡镇领导班子的政策措施。"于涵说，"组织给我服务乡镇、磨练本领的宝贵机会，我一定要多办实事。"

如何 始终保持干事创业精神状态

近年来，辽宁以组织担当激励干部担当，研究出台《激励全省干部在辽宁全面振兴新突破三年行动中展现更大担当和作为若干措施》，树立讲担当重作为的鲜明导向，提高能担当善作为的能力本领，营造尚担当促作为的良好环境，以一系列"组合拳"提振信心、鼓足干劲，激发广大干部担当作为。

树导向、选贤能，激发干事创业的内生动力

在葫芦岛市兴城市，总投资 82.57 亿元的国网新源兴城抽水蓄能电站项目现场，大型车辆穿梭，机器轰鸣。

"2023 年 3 月，兴城抽水蓄能电站项目正式开工，比原计划提前了 7 个月。这是各部门沟通协调、高效对接、全链条服务保障的成果，是干部政治担当、主动作为的生动体现。"葫芦岛市委组织部部务委员李也说，"2023 年 7 月，我们通过经济建设主战场专题调研，将原兴城市分管工业和招商的副市长选拔为葫芦岛市文化旅游和广播电视局局长。"

葫芦岛市抽调组织部门精干力量每年对市委管理领导班子和领导干部至少开展两次无任用调研工作，建立常态化溯源式考核方法，依托营商环境建设、重大经济项目、招商引资、党校培训、挂职和实践锻炼等有效抓手，把识别干部的"考场"搬到工作"现场"。

"苦干实干提拔重用，跑要躲闪坚决不用。"李也介绍，葫

芦岛市组织部门随时随地、不打招呼，到一线看、到项目现场看、到服务窗口看、到培训教室看，嵌入式了解工作推进和干部表现情况，准确掌握干部真实状态。2023年以来，根据无任用调研和担当作为专项调研考核评议情况，葫芦岛市共提拔和进一步使用154名县处级干部，在葫芦岛市全面振兴新突破三年行动首战之年表彰大会上对100名优秀干部、50个先进集体进行了表彰奖励。

"无任用调研，就是把功夫下在平时，把考察做在前面，通过开展广泛的谈心谈话，深入了解干部干了多少事、干成了多少事、干的事群众满不满意，精准知事识人，等时机成熟再提拔使用。"辽宁省委组织部相关负责同志介绍。

辽宁健全好干部发现使用机制，突出政治标准，精准知事识人，全方位、多角度、立体式地了解干部政治品德和政治素养，常态化开展无任用调研、担当作为情况专题调研，实现14个市和省直单位全覆盖，加强对干部日常表现的了解和分析研判、反复论证、择优比选、精准匹配，确保把合适的人放到适合的岗位上，激发干事创业的内生动力。

防汛期间转移群众，推进黑土地保护性耕作，整合农村乡镇教育资源，全力保障招商项目落地……回忆起在抚顺市抚顺县挂职任副县长的经历，抚顺市审计局局长司鹏飞感慨万千。

2015年，31岁的司鹏飞通过辽宁省委组织部选拔，从辽宁省农业科学院开放实验室副主任的岗位到抚顺县挂职任副县长。"组织对我们有明确的分工和考核，关心关注异地干部的成长和发展，让我们能安下心来，扎下根来。"司鹏飞说，"从科研院所到地方政府，组织为我提供了发挥专业所长的平台，更锻炼了我处理基层复杂问题的能力。"

坚持事业为上、依事择人，辽宁拓宽选人视野，充分盘活干部资源，打破部门、地域、身份界限，从国有企业、科研院所、高等院校等各条战线、各个领域选拔"专家型"干部，把各方面优秀人才集聚到振兴发展事业中来。

优素质、强能力，提升推动发展的履职本领

"2023年，中央金融工作会议召开后，省委组织部及时组织全省各县区常务副县区长开展项目谋划培训，指导我们认真学习领会党中央精神，用足用好各项政策。"沈阳市浑南区委常委、常务副区长傅涵说。培训结束后，傅涵带领区里干部谋划了一批"平急两用"、城中村改造、科技创新和结构调整等重点领域的项目，成功获批并争取到上级资金支持。

2023年以来，傅涵参加了省市组织部门举办的金融经济、产业结构调整、安全生产等领域的多次专业培训。沈阳市委组织部组织的数字经济专题培训班，让她更加明确了要在人工智能、普惠算力等方面加速发展的目标。

"2023年9月，我们上线300P普惠算力后，沈阳数字经济产

业园迅速落地了40余家企业，一整栋写字楼很快就满了。"傅涵说，"组织部门想干部所想、急干部所急，组织专业培训，帮助我们开阔眼界、打开思路、提升本领，从而更高效地开展工作。"

对县委书记、县长，着重开展县域经济、农业农村现代化建设等方面的培训；对园区干部，着重开展现代化产业体系建设、专业化招商等方面的培训……聚焦振兴发展对干部能力素质的现实需要，辽宁研究制定《辽宁省干部教育培训规划（2023—2027年）》，对干部分级分类开展专题培训，帮助干部填知识空白、补素质短板。2023年，辽宁省委组织部共举办专题培训班80余期，培训干部1万余人次。

鞍山市台安县委书记苑振超是名85后，2009年从清华大学本科毕业后，以辽宁省选调生身份来到鞍山市铁西区繁荣街道办事处工作。15年间，他先后在鞍山市发改委业务处室、乡镇领导班子、县区领导班子、对口交流城市高新区管委会、鞍山市商务局等岗位任职、挂职。如今面对千头万绪的县域工作，苑振超认为，不同岗位的工作经历使他能够在处理各项难题时更加从容、更有底气。"每个岗位、每段经历都是经风雨、见世面、壮筋骨、长才干的历练。"他说。

辽宁加强干部实践锻炼，有组织、有计划地把干部放到改革发展稳定第一线、重大任务最前沿、艰苦复杂环境和关键吃劲岗位去磨练，常态化选派年轻干部到信访部门、巡视巡察工作一线锻炼，增强干部应对复杂局面、处理复杂问题的能力，让干部在实践中不断提高推动高质量发展本领、服务群众本领、防范化解风险本领。开展"领导干部进园区进企业服务振兴新突破"专项行动，省市县共选派4.53万名干部联系服务园区、企业6.09万个，收集问题诉求4.89万件，办理答复4.51万件，推动引进技术358项，帮助企业争取订单48.6亿元、促成融资68.18亿元。

建机制、促实干，营造担当作为的良好环境

"岔沟镇是典型的山区农业镇，经济基础较为薄弱，但生态环境优越，林业资源丰富……"于涵作为副镇长，立足本地实际，积极推动中草药种植和文旅产业发展，同时结合自身工作经验，为镇里的干部队伍建设牵线搭桥，联系海城市委组织部到乡镇开展党建培训，组织村干部参加中专培训班。

坚持老中青相结合，辽宁加大县以下事业单位管理岗位职员等晋升工作推进力度，健全从乡镇在岗事业编制人员、优秀村党组织书记、到村任职过的选调生、第一书记、驻村工作队员等"五方面人员"中选拔乡镇领导干部和面向优秀村（社区）党组织书记考录公务员、招聘事业编制人员常态化机制，注意在干部数量少、流动慢、成长空间小的单位发现使用干部，注意选拔熟悉乡土民情、有丰富农村工作经验的"老乡镇"干部进班子，激发干部队伍生机活力。

2024年春节假期，沈阳文旅市场人气很旺，累计接待国内游客

1112.13万人次，实现国内旅游收入151.47亿元。沈阳市文化旅游和广播电视局局长刘克斌乘势而上，日程表上排满了项目招商、活动策划、留言反馈等事项。

地铁1号线"沈阳站"名称恢复为"沈阳站站"，小河沿早市设置行李寄存处……网友的意见建议得到及时回应，刘克斌也因"主动听、立即改、用心干"的态度，被网友称赞为"听劝"的局长。在2024年初的全省优化营商环境建设大会上，他被点名表扬。主动了解民意，及时解决问题的"听劝"作风，在全省干部中得到发扬。

辽宁健全干部考核激励机制，研究制定了《一级、二级巡视员晋升管理暂行办法》《关于在全面振兴新突破三年行动中进一步加大公务员及时奖励的实施细则（试行）》，对在关键时刻或者承担急难险重任务中经受住考验、作出重大贡献的干部及时给予表彰奖励，优先考虑提拔使用，充分挖掘担当作为的干部典型，推动形成大干必有成果、奋斗就有回报的广泛共识，营造担当作为的良好环境。

"实现辽宁全面振兴，关键在党、关键在人。组织部门要认真履行选贤任能的职责使命，建设一支高素质专业化干部队伍，激发干部积极性主动性创造性，为实现全面振兴新突破提供坚强组织保证。"辽宁省委组织部相关负责同志说。

（胡婧怡　《人民日报》2024年04月02日第19版）

第三编
为实干担当鼓劲撑腰

第三编
为实干担当鼓劲撑腰

新征程上更好推动和激励干部新担当新作为

党的干部是党和国家事业的中坚力量。干部敢于担当作为,既是政治品格,也是从政本分。新征程上,加强对干部的正向激励,充分调动广大干部干事创业积极性主动性创造性,加强对干部全方位管理和经常性监督,防止和纠正干部不作为乱作为,是建设堪当民族复兴重任的高素质干部队伍的重大课题,是全面建设社会主义现代化国家、全面推进中华民族伟大复兴的重要保证。

如何始终保持干事创业精神状态

一、思想引领：习近平总书记关于激励干部担当作为的重要论述为干部实干担当、拼搏奋斗指明了前进方向、提供了根本遵循

思想是行动的先导。党的十八大以来，习近平总书记高度重视调动和激发干部干事创业积极性主动性创造性，作出一系列重要论述，为干部实干担当、拼搏奋斗指明了前进方向、提供了根本遵循。关于筑牢干部担当作为的思想根基，习近平总书记指出："干部干事创业要树立正确政绩观，有功成不必在我的精神境界、功成必定有我的历史担当""干事担事，是干部的职责所在，也是价值所在"。针对干部担当作为的时代要求，习近平总书记指出："为了党和人民事业，我们的干部要敢想、敢做、敢当，做我们时代的劲草、真金""党员、干部特别是领导干部要以居安思危的政治清醒、坚如磐石的战略定力、勇于斗争的奋进姿态，敢于闯关夺隘、攻城拔寨"。对于激励干部担当作为的方法路径，习近平总书记围绕"要多选一些在重大斗争中经过磨砺的干部""树立重实干、重实绩的用人导向"等进行了深刻阐释。关于提升干部素质能力，习近平总书记指出："领导干部不仅要有担当的宽肩膀，还得有成事的真本领""各级领导干部要加快知识更新、加强实践锻炼，使专业素养和工作能力跟上时代节拍，避免少知而迷、无知而乱，努力成为做好工作的行家里手"。

习近平总书记关于激励干部担当作为的重要论述，以高远的战略眼光、清晰的理论脉络、严密的实践逻辑，深刻阐明了干部担当作为与事业发展的内在联系，抓住了新形势下影响干部干事创业积极性主动性创造性的关键因素，明确了激励干部担当作为的方法路径，为新时代新征程更好激励干部敢于担当、善于作为提供了根本遵循。

二、事业感召：党和国家事业大踏步向前发展为干部担当作为提供了广阔舞台

疾风知劲草，烈火见真金。中心任务、大战大考从来都是广大干部勇担当、善作为的试金石、磨刀石。党的十八大以来，以习近平同志为核心的党中央坚持围绕发展所需、事业所需、岗位所需选派干部投身第一线，把脱贫攻坚、疫情防控、推动高质量发展等作为主战场，推动广大干部撸起袖子加油干、风雨无阻向前行，以发展目标定位干部担当坐标、以发展成效评判干部担当实效。

面对脱贫攻坚、全面建成小康社会的历史任务，数百万扶贫干部倾力奉献、苦干实干，1800多名同志将生命定格在脱贫攻坚征程上，为打赢人类历史上规模最大的脱贫攻坚战作出了重大贡献。面对突如其来的新冠疫情，各级干部临危不惧，困难面前豁得出、关键时刻冲得上，最大限度保护了人民生命安全和身体健康，统筹疫情防控和经济社会发展取得重大积极成果。面对高质量发展艰巨任

务，广大干部立足质量和效益推动经济持续健康发展，以钉钉子精神担当尽责，依靠顽强斗争打开事业发展新天地。面对人民日益增长的美好生活需要，广大干部牢固树立以人民为中心的发展思想，不断提升为民服务的本领和水平，人民群众获得感、幸福感、安全感更加充实、更有保障、更可持续。

三、政策激励：逐步构建起一套激励干部担当作为的制度政策体系

政策是指南针和风向标，有什么样的政策取向，就有什么样的干事导向。党的十八大以来，围绕贯彻落实习近平总书记关于激励干部担当作为的重要论述和重要指示要求，中共中央办公厅印发《关于进一步激励广大干部新时代新担当新作为的意见》，中央组织部制定进一步激励干部担当作为9条具体措施，各地各部门坚持问题导向、目标导向，及时出台配套制度，综合施策、持续用力，正向激励效应不断显现。

针对少数干部"心态佛系、精神倦怠不想为"的问题，始终坚持把学深悟透习近平新时代中国特色社会主义思想作为首要任务，健全党委（党组）"第一议题"制度，从新时代党的创新理论中汲取智慧、提振信心、增添力量，推动广大党员干部坚定拥护"两个确立"、坚决做到"两个维护"。针对少数干部"瞻前顾后、患得患失不敢为"的问题，落实新时代好干部标准，大力选拔政治过

硬、敢于担当、实绩突出、群众公认的优秀干部。此外,还按照"三个区分开来"要求做好容错纠错工作,为担当者担当、为负责者负责、为干事者撑腰。针对少数干部"能力欠缺、本领恐慌不善为"的问题,突出实战实训精准赋能,有侧重有选择地推进干部培训历练,帮助干部弥补知识弱项、能力短板、经验盲区,增强担当作为的硬核本领。针对少数干部"空喊口号、虚张声势假作为"的问题,认真贯彻执行《中国共产党问责条例》《党政领导干部考核工作条例》等一系列党内法规,把干部担当作为情况作为选人用人专项检查的一项重要内容,加大形式主义、官僚主义专项治理力度,坚决纠正"工作落实在口号上,决心停留在嘴巴上"等问题。针对少数干部"急功近利、盲目决策乱作为"的问题,聚焦规范"关键少数"施政行为,党中央印发《中共中央关于加强对"一把手"和领导班子监督的意见》,中共中央办公厅印发《推进领导干部能上能下规定》,健全完善干部考核机制,引导干部特别是领导干部树立和践行正确政绩观。

四、组织担当:为鼓励干部干事创业提供坚强后盾、解除后顾之忧

干部越为事业担当,组织越要为干部担当。新形势下,推动和激励干部担当作为,最根本的是要扭住以组织担当激励干部担当这个牛鼻子,坚持正向激励主基调,打好思想引领、崇尚实干、精准

赋能、撑腰鼓劲、关心关爱、减负增效、监督问责"组合拳",让愿担当、敢担当、善担当蔚然成风。

持之以恒为干部担当作为注入强大思想动能。要结合当前正在开展的学习贯彻习近平新时代中国特色社会主义思想主题教育,切实加强党的创新理论武装,把习近平新时代中国特色社会主义思想转化为坚定理想、锤炼党性和指导实践、推动工作的强大力量,突出抓好换届后领导班子思想政治建设,在以学铸魂、以学增智、以学正风、以学促干方面取得实实在在的成效。把习近平总书记关于激励干部担当作为的重要论述,作为各级党委(党组)理论学习中心组的必学内容、各级干部日常学习的重要内容,推动广大干部在系统学习中夯实担当作为的思想根基。

进一步树牢有为者有位的鲜明导向。要落实新时代好干部标准,坚持德配其位、才配其位,坚持事业为上、依事择人、人岗相适。在干部使用上,做深做实政治素质考察,注重向那些身处改革发展主战场、那些经过艰苦吃劲岗位历练、那些长期扎根基层一线的干部倾斜。加强正确政绩观教育,把践行正确政绩观情况作为考核考察的重要内容,深化口碑考察、实绩追溯考察,切实考准考实干部"显绩"和"潜绩",从思想深处解决好"政绩为谁而树、树什么样的政绩、怎样树好政绩"的问题。按照《推进领导干部能上能下规定》要求,区分问题的性质、程度、危害,精准适用处理措施,以调整不适宜担任现职干部为重点常态化推进干部能上能下。

精准赋能提升干部推动现代化建设的能力。紧扣党的二十大作出的各项重大战略部署，以制定实施新一轮干部教育培训规划和修订《干部教育培训工作条例》为牵引，聚焦现代化建设重点领域精准开展培训，健全"干中学、学中干"能力提升机制，帮助干部及时填知识空白、补素质短板、强能力弱项。强化专业训练和实践锻炼，探索实施专业干部复合培养，对专业能力较强但管理经验不足的干部，可先从中层岗位开始培养，积累领导经验，在他们处于进取心和创造力的黄金期时委以重任，推动其展现最大作为。

突出加强对重点对象的精准激励。区分不同干部群体对激励担当的个性化诉求，精准施策、有的放矢。有的要更加注重在职务（职级）晋升、先进典型选树等方面畅通渠道、加大力度；有的要更加注重防止"大锅饭"；对年轻干部，应更加注重运用综合激励手段，对看准的苗子敢于打破隐性台阶、大胆使用。

以上率下示范担当、带动担当、引领担当。充分发挥中央和国家机关"第一方阵"示范作用，推动各级领导机关大兴调查研究，打通决策部署直抵基层的渠道，避免因任务指标不合理难落实挫伤基层干部工作积极性主动性。在推进重大改革、重点项目、重要任务中，探索建立上级单位下派联络、协同推进、跟踪指导工作机制，推动形成上下联动、齐抓共推的生动局面，防止和纠正任务指标"一下了之"、考核检查"空中作业"。完善并落实"三重一大"决策监督机制，及时发现和纠正政绩观偏差，对查明属实、造成严重后果的，严肃处理、追责问责。

健全权责对等、相互匹配的工作运行机制。进一步厘清不同层级、部门、岗位之间的权责边界，全面推进党建引领基层治理，解决干部因权责不清造成的不敢为、不能为问题。定期对各类审批、考核、评比、创建以及"一票否决"、责任书（状）等事项进行排查清理，建立健全督查检查考核事项审核准入机制，实实在在减轻基层干部负担。

全方位加强对干部的关心保护。进一步明确干部容错纠错、减责免责情形，准确把握政策尺度，优化容错工作程序。着力构建精准科学的问责操作规范体系，准确把握问责的尺度和范围。关注干部身心健康，确保制度执行到位。

（全国党建研究会　《人民日报》2023年09月08日第10版）

第三编
为实干担当鼓劲撑腰

自觉做勇于担当作为的不懈奋斗者

习近平总书记在 2024 年春季学期中央党校（国家行政学院）中青年干部培训班开班之际作出重要指示，强调年轻干部要自觉做"党的创新理论的笃信笃行者、对党忠诚老实的模范践行者、矢志为民造福的无私奉献者、勇于担当作为的不懈奋斗者、良好政治生态的有力促进者"。这既是对年轻干部的殷殷嘱托，也是对广大党员干部的明确要求。时代呼唤担当，使命引领作为。我们要深学细悟习近平总书记的重要指示，用心领会担当的要义、准确把握担当的重点、努力提升担当的本领，自觉做勇于担当作为的不懈奋斗者。

如何始终保持干事创业精神状态

一、深入学习领会习近平总书记重要论述，切实增强担当作为的使命感责任感紧迫感

习近平总书记始终高度重视干部担当作为问题，党的十八大以来，着眼党和国家事业发展全局，作出一系列重要论述，鲜明回答了"为什么要担当作为、怎样能够担当作为"这一重大时代命题，为党员干部在新时代新征程上奋勇争先、干事创业提供了根本遵循。

深刻认识和把握干部担当作为的重大意义。立足党的初心使命，习近平总书记指出，中国共产党执政的唯一选择就是为人民群众做好事，为人民群众幸福生活拼搏、奉献、服务，这种执着追求100多年来从未改变。立足党的事业发展，习近平总书记强调，新时代的伟大成就是党和人民一道拼出来、干出来、奋斗出来的；唯有始终保持锐意进取、敢为人先、迎难而上的奋斗姿态，积极担当作为、敢于善于斗争，才能胜利推进强国建设、民族复兴的历史伟业。立足干部的职责要求，习近平总书记指出，干部敢于担当作为，这既是政治品格，也是从政本分；干事担事，是干部的职责所在，也是价值所在。这些重要论述阐明了干部担当作为的价值逻辑、历史逻辑、现实逻辑，必须以强烈的历史主动精神，坚定扛起强国建设、民族复兴的历史重任。

深刻认识和把握干部担当作为的基本内涵。习近平总书记在多个重要场合反复强调并阐释"五个敢于"的重要论断，强调面对大

是大非敢于亮剑，时刻绷紧旗帜鲜明讲政治这根弦，在大是大非面前、在政治原则问题上做到头脑特别清醒、立场特别坚定，决不拿党的原则做交易。强调面对矛盾敢于迎难而上，只有豁得出去、敢闯敢干，下定"明知山有虎，偏向虎山行"的决心，真刀真枪干，矛盾和困难才可能得到解决。强调面对危机敢于挺身而出，保持只争朝夕、奋发有为的奋斗姿态和越是艰险越向前的斗争精神。强调面对失误敢于承担责任，强化责任意识，知责于心、担责于身、履责于行，敢于直面问题，不回避矛盾，不掩盖问题。强调面对歪风邪气敢于坚决斗争，有秉公办事、铁面无私的精神，讲原则不讲面子、讲党性不徇私情。这"五个敢于"既是对新时代共产党人担当作为内涵的生动诠释，也是对干部积极干事创业的具体要求，体现了担当作为应有的精神状态，必须自觉落实到履职尽责的实际行动中。

深刻认识和把握干部担当作为存在的突出问题。习近平总书记指出，现在广大党员、干部的能力素质和精神状态是好的，但也要清醒看到，干部队伍中不愿担当、不敢担当、不善担当的问题还比较突出。在不作为方面，有的做"老好人""太平官""墙头草"，存在拈轻怕重、敷衍塞责、得过且过等消极现象。在不敢为方面，有的遇到矛盾惊慌失措，遇见斗争直打摆子；有的顾虑"洗碗越多，摔碗越多""为了不出事，宁可不干事"。在不善为方面，有的干事热情很高，但缺乏科学精神、求实态度，结果不仅没有出业绩，反而带来了一堆问题。在乱作为方面，有的重显绩轻潜绩、重面子轻里子，好大喜功、急功近利，热衷于打造领导"可视范围"内的项目工程。对于习近平总书记点出的问题表现，必须本着有则改之、无则加勉的态度，经常对照反思、自警自省，增强愿为、敢为、善为的责任担当。

深刻认识和把握干部担当作为的现实路径。习近平总书记不仅阐明了担当作为"怎么看"，还指明了担当作为要"怎么办"。围绕增强担当作为动力，强调要善于从党的创新理论中汲取踔厉奋发、勇毅前行的精神动力，坚定历史自信、锤炼斗争本领。围绕提高担当作为能力，强调要加快知识更新、加强实践锻炼，使专业素养和工作能力跟上时代节拍。围绕激发担当作为活力，强调要建立健全干部担当作为的激励和保护机制，切实为勇于负责的干部负责、为勇于担当的干部担当、为敢抓敢管的干部撑腰。围绕压实担当作为责任，强调要建立责任追究制度，坚持有权必有责、有责要担当、失责必追究。落实这些重要要求，必须增强靠前担当的意识、练就堪当重任的本领，依靠实干打开事业发展新局面。

二、紧扣推进中国式现代化生动实践，准确把握干部担当作为的重点要求

近年来，山东坚定落实习近平总书记重要指示要求，锚定"走在前、开新局"，在全国经济发展大局中扛起了经济大省的挑大梁

责任。当前,全省上下正聚焦加快现代化强省建设,以建设绿色低碳高质量发展先行区为总抓手,深入实施"三个十大"行动,着力塑造"十个新优势",扎实推进中国式现代化山东实践,迫切需要各级干部展现新担当新作为。

在坚定拥护"两个确立"、坚决做到"两个维护"上展现新担当新作为。牢牢把握坚定拥护"两个确立"、坚决做到"两个维护"这一根本原则,时时处处对标对表,把准推进中国式现代化建设的正确政治方向。不断提高政治判断力,以国家政治安全为大、以人民为重、以坚持和发展中国特色社会主义为本,科学把握形势变化,增强政治敏锐性和政治鉴别力,始终在重大问题和关键环节上头脑特别清醒、眼睛特别明亮。不断提高政治领悟力,深入学习领会习近平新时代中国特色社会主义思想,坚持用以分析形势、推动工作,始终同以习近平同志为核心的党中央保持高度一致。对党中央赋予的重大任务,都自觉从"国之大者"、党之大计的政治高度来领悟、来推进。不断提高政治执行力,坚决维护党中央权威和集中统一领导,切实做到党中央提倡的坚决响应,党中央决定的坚决执行,党中央禁止的坚决不做,自觉把习近平总书记的重要指示要求作为做好工作的根本指针,切实转化为推动现代化建设的实际行动。

在推动高质量发展上展现新担当新作为。切实扛牢高质量发展这一首要任务,找准定位、积极作为,在中国式现代化建设中勇创

如何始终保持干事创业精神状态

新路。坚持完整、准确、全面贯彻新发展理念，将其作为推动高质量发展的科学指引，坚决破除唯GDP的路径依赖，决不走以资源换发展、以污染换发展的老路。坚持因地制宜发展新质生产力，发挥资源禀赋、产业基础、科研条件等方面优势，聚焦推进传统产业升级、新兴产业壮大、未来产业培育，加大探索创新力度，推动高质量发展提质增效。坚持更好统筹发展和安全，牢固树立安全重于泰山的理念，增强"一失万无"的底线思维，把各种风险研判在前，把各项工作抓细抓实，守牢"一排底线"，确保"万无一失"。

在造福人民群众上展现新担当新作为。始终坚守让人民过上幸福生活这一价值追求，扎扎实实为民办事、为民造福，让现代化建设成果更好惠及群众。心里始终装着群众，时刻以百姓心为心，把群众放在心中最高位置，始终同群众站在一起、想在一起、干在一起。积极组织发动群众，坚持从群众中来、到群众中去，既"带着"群众干，又"带动"群众干，做群众愿意跟着跑的"火车头"，形成干事创业的合力。主动解决群众难题，把改善和保障民生作为一切工作的出发点和落脚点，积极顺应群众所思所想，立足本职本能，用心用情解决好急难愁盼问题，在干实事、办好事中让群众看到变化、得到实惠。

在践行正确政绩观上展现新担当新作为。自觉坚持"真干才能真出业绩、出真业绩"这一行动遵循，真抓实干、务求实效，作出实实在在的成绩。坚持稳扎稳打、踏踏实实，突出"稳"的节奏，贯穿"实"的要求，更好掌握章法、把控时效，使每项工作都做到稳中求进、以进促稳、先立后破。坚持实事求是、遵循规律，深刻理解实事求是的科学含义和精神实质，深刻把握事物发展规律，始终按实事求是的要求办事。坚持绵绵用力、久久为功，用足够毅力去做好每一件事情，以"功成不必在我"的精神境界和"功成必定有我"的历史担当，创造经得起历史检验的实绩。

在落实全面从严治党要求上展现新担当新作为。坚决落实"全面从严治党永远在路上，党的自我革命永远在路上"这一战略要求，自重自省、守正清廉，以自身清、自身正、自身硬推动营造良好政治生态。做到心有所畏，牢记清廉是福、贪欲是祸的道理，经常对照党的理论和路线方针政策、对照党章党规党纪、对照初心使命，时刻绷紧拒腐防变这根弦，以内无妄思保证外无妄动。做到言有所戒，坚持在党爱党、在党言党、在党忧党、在党为党，违背原则的话不说，有碍大局的话不说，不利团结的话不说，不负责任的话不说，坚决防止"低级红""高级黑"。做到行有所止，谨记权为民所用的道理，增强自制力，严守法纪规矩，严格家教家风，任何时候、任何情况下都不放纵、不越轨、不逾矩。

三、主动加强学习历练，努力提高担当作为的能力本领

干部担当作为，既要有干事之心，更要有成事之能。党员干部应当带头勤学苦练、努力增长才干，在常修常炼、常悟常进中

如何始终保持干事创业精神状态

不断完善自己、提高自己，全面提升履职尽责、担当作为的能力本领。

坚持不懈用党的创新理论凝心铸魂、固本培元。把学好用好习近平新时代中国特色社会主义思想作为首要政治任务，全面提升与推进中国式现代化相适应的政治能力、领导能力、工作能力。努力学出对党的绝对忠诚，在深化内化转化上下功夫，深刻领悟"两个确立"的决定性意义，持续激发担当作为内生动力，切实转化为忠于党、忠于人民、忠于党的事业的政治执行力。努力学出高度的政治站位，跟进学习习近平总书记最新重要讲话和重要指示批示精神，关注习近平总书记和党中央在关心什么、强调什么，明确担当作为的方向，增强把握大局大势的能力。努力学出科学的思维能力，深入领会习近平总书记治国理政中蕴含的政治智慧，不断增强担当作为的战略思维、历史思维、辩证思维、系统思维、创新思维、法治思维、底线思维能力，提升把握工作规律的能力本领。

持续强化实践锻炼、一线磨练。坚持在学中干、干中学，把扛重活、打硬仗作为锻炼成长、锤炼本领的基本途径。愿挑最重的担子，对于责任重大、艰巨繁重的工作任务，靠前一步主动承担，勇于到高质量发展的前沿一线、重点领域摔打自己，在知重负重中磨砺干事成事的硬功夫。能啃最硬的骨头，对于发展中的难点堵点痛点问题，事不避难、义不逃责，顶住压力向前冲、迎着困难往前走,在攻坚克难中练就担当作为的真本事。善接烫手的山芋,对于历史遗留、风险性大的棘手问题,保持临危不惧、遇险不慌、逢难不惊的定力,在多当几回"热锅上的蚂蚁"中提高应对复杂局面的能力。

自觉运用科学策略、正确方法。学习掌握科学的思想方法、工作方法,及时总结实践中探索的新经验新打法,着力提升工作科学化规范化水平。坚持谋定而后动,大兴调查研究,全面落实"四下基层"制度,切实把上级政策学清楚、把工作现状搞清楚、把基层情况摸清楚,加强科学论证和研判分析,在谋深、谋细、谋实中提升担当作为的能力素养。坚持系统观念,突出"抓具体、具体抓""抓系统、系统抓",把握好全局和局部、当前和长远、宏观和微观、特殊和一般的关系,不断提高统筹协同、担当干事的能力水平。坚持问题导向,深入分析工作中面临的最突出、最重大、最迫切的挑战,找准突破短板弱项的着力点和切入点,以问题解决提升履职担当的实际本领。

始终保持优良传统、过硬作风。大力弘扬党的光荣传统,涵养求真务实、真抓实干的优良作风,不断提振担当作为的精气神。强化事争一流的作风,放宽视野、打开格局,主动寻标对标,每项工作都着眼追求最高水平、力求做到最好,增强高标准、高质量推动工作的能力水平。强化狠抓落实的作风,将不折不扣抓落实、雷厉风行抓落实、求真务实抓落实、敢作善为抓落实作为担当作为的

如何 始终保持干事创业精神状态

总要求，完善推动工作落实的闭环机制，当好推进事业发展的执行者、行动派、实干家，把"时时放心不下"的责任感转化为"事事心中有底"的行动力。强化极端负责的作风，把工作放在心上、把心放在工作上，凡事做到守土有责、守土负责、守土尽责，在做好每项具体工作中提高精益求精、精耕细作的能力本领。

（王宇燕　《学习时报》2024年04月01日第01版）

第三编
为实干担当鼓劲撑腰

让愿担当敢担当善担当蔚然成风

干事担事,是干部的职责所在,也是价值所在。焦裕禄实干苦干,凝聚起兰考人民战风沙、抗盐碱的强大力量。廖俊波"认准的事,背着石头上山也要干",对群众所忧放心不下,为当地发展四处奔走。黄大发带领群众在绝壁凿出"生命渠",用实干兑现"水过不去、拿命来铺"的誓言。坚定信念、践行宗旨、拼搏奉献,许许多多领导干部用敢于担当作为的实际行动,彰显着共产党人的优秀品质和政治品格。

习近平总书记指出:"干部敢于担当作为,这既是政治品格,也是从政本分。"在其位、谋其政,敢于担当、勇于作为,这是对领导干部的基本要求。领导干部只有敢于担当作为,才能把党中央

如何始终保持干事创业精神状态

的决策部署落到实处,把宏伟蓝图变为美好现实;只有敢于担当作为,才能赢得人民群众信任,团结带领人民群众不断推动事业发展。当前,广大干部愿担当、敢担当、善担当,成为党和国家事业的中坚力量。但在一些领导干部身上也存在不愿担当、不敢担当、不善担当的问题。有的承平日久、精神懈怠,想做安稳官、太平官;有的患得患失、贪图名利,干工作不肯下苦功夫,乐于做表面文章;有的缺乏攻坚克难的勇气和办法,遇到困难绕着走,碰到难题往上交。领导干部出现这样的心态和状态,说到底是党性不强的表现,不符合党对干部的要求,不利于党的事业发展。

习近平总书记强调:"要积极营造有利于干事创业的良好环境,敢于为担当者担当、为负责者负责、为干事者撑腰,善于发现、培养、使用敢担当善作为的干部,着力消除妨碍干部担当作为的各种因素,让愿担当、敢担当、善担当蔚然成风。"这为鼓励和引导领导干部担当作为提供了根本遵循。让愿担当、敢担当、善担当蔚然成风,一方面,要教育引导领导干部加强党性修养,以对党忠诚、为党分忧、为党尽职、为民造福的政治担当,以守土有责、守土负责、守土尽责的责任担当,满怀激情地投入新时代中国特色社会主义伟大实践,面对大是大非敢于亮剑,面对矛盾敢于迎难而上,面对危机敢于挺身而出,面对失误敢于承担责任,面对歪风邪气敢于坚决斗争。另一方面,要发挥好干部考核指挥棒、风向标、助推器作用。在选人用人上体现讲担当、重担当的鲜明导向,把敢不敢扛事、愿不愿做事、能不能干事作为识别干部、评判优劣、奖惩升降的重要标准。把敢于负责、勇于担当、善于作为、实绩突出的干部选出来、用起来，让他们有机会、有舞台。把那些不推不动的"陀螺型干部"、得过且过的"撞钟型干部"、不敢碰硬的"老好人干部"暴露出来、淘汰出局。坚持奖勤罚懒、激浊扬清，切实解决好干与不干、干多干少、干好干坏一个样的问题。

让愿担当、敢担当、善担当蔚然成风，还要把"三个区分开来"落到实处。对于干部在干事创业中特别是改革创新中的失误错误，如果不分情况、不分性质搞"一刀切"，容易挫伤干部改革攻坚、干事创业的积极性。这就要求把"三个区分开来"落到实处，建立健全容错纠错机制，保护好广大干部的干事热情。要坚持实事求是、具体问题具体分析，对不该容的坚决不容、该容的大胆容错，旗帜鲜明为担当者担当、为负责者负责、为干事者撑腰，营造敢想、敢干、敢担当的良好氛围，让担当者轻装上阵，不断创造新业绩。

（张亚勇 《人民日报》2023年07月20日第09版）

如何 始终保持干事创业精神状态

鼓足干事创业的精气神

习近平总书记在江苏考察时要求"在以学促干上取得实实在在的成效",强调"鼓足干事创业的精气神,恪尽职守、担当作为,迎难而上、敢于斗争,严肃整治拈轻怕重、躺平甩锅、敷衍塞责、得过且过等消极现象,完善担当作为激励和保护机制"。精神状态直接影响工作状态。精神积极昂扬,工作就充满激情、主动性强,工作成效就会高。反之,如果精神消极颓废,人就没有干劲,工作效果就会打折扣。鼓足干事创业的精气神,要求党员、干部积极肯干、勇于探索,紧紧围绕党和国家工作大局谋划和开展工作,以"时时放心不下"的责任感担当作为,为党和人民履好职、尽好责。

我们党从诞生之日起,就肩负起为中国人民谋幸福、为中华

第三编
为实干担当鼓劲撑腰

民族谋复兴的初心和使命,以百折不挠、锐意进取的精气神,带领全国各族人民为争取民族独立、人民解放和实现国家富强、人民幸福而不懈奋斗,取得了举世瞩目的伟大成就。踏上实现第二个百年奋斗目标的新征程,面临新的战略机遇、战略任务、战略阶段、战略要求、战略环境,需要应对的国内外风险和挑战、需要解决的矛盾和问题比以往更加错综复杂。这就需要付出更为艰苦的努力,鼓足干事创业的精气神。通过这次主题教育,广大党员、干部要学思想、见行动,把习近平新时代中国特色社会主义思想转化为坚定理想、锤炼党性和指导实践、推动工作的强大力量,把党的二十大作出的重大决策部署付诸行动、见之于成效,一步步将宏伟蓝图变成美好现实。

鼓足干事创业的精气神需要思想激励。信仰信念是共产党人的政治灵魂,是共产党人经受住任何考验的精神支柱。干事创业的精气神,源于对马克思主义的信仰、对中国特色社会主义的信念、对实现中华民族伟大复兴中国梦的信心。理论上清醒,政治上才能坚定,行动上才能自觉。坚定的理想信念,必须建立在对马克思主义的深刻理解之上。党员、干部筑牢信仰之基、补足精神之钙、把稳思想之舵,就要用党的创新理论武装头脑。要深入学习习近平新时代中国特色社会主义思想,坚持不懈用习近平新时代中国特色社会主义思想凝心铸魂,以崇高的理想信念激发干事创业的信心和勇气,把理想信念转化为实现中华民族伟大复兴的实际行动。

如何 始终保持干事创业精神状态

鼓足干事创业的精气神需要制度保障。制度问题更带有根本性、全局性、稳定性、长期性。以制度机制激发活力，要坚持严管和厚爱结合、激励和约束并重，完善担当作为的激励和保护机制，积极营造有利于干事创业的良好制度环境。突出加强对党员、干部履职尽责、担当作为情况的监督，强化对不担当不作为乱作为的问责追责，严肃整治拈轻怕重、躺平甩锅、敷衍塞责、得过且过等消极现象，推动党员、干部担责履责。完善正向激励机制，让广大党员、干部放开手脚，担当作为、干事创业。突出崇尚实干、带动担当、加油鼓劲的激励导向，大力选拔任用那些愿干事、真干事、干成事的干部。健全干部考核评价机制，根据形势任务变化，进一步优化考核体系和考核方式，强化考用结合，切实解决干与不干、干多干少、干好干坏一个样的问题。结合实际细化容错纠错机制，旗帜鲜明为那些敢于担当、踏实做事、不谋私利的干部撑腰鼓劲。

新征程任重而道远，新使命光荣而艰巨。习近平总书记强调："要把党的二十大描绘的宏伟蓝图变成现实，仍然要靠拼、要靠干。"党员、干部要认清挑战、抓住机遇，鼓足干事创业的精气神，以胸怀大局的志气、敢于负责的勇气、本领高强的底气，在推进强国建设、民族复兴的历史伟业中展现新担当新作为。

（田振洪 《人民日报》2023 年 09 月 14 日第 09 版）

第三编
为实干担当鼓劲撑腰

为基层减负　为实干撑腰

在水土保持核心区搞"挖山造田";组织开展"千分制"甚至"双千分制""三千分制"综合考核;盲目举债上马"有轨电车"项目,造成巨大资金浪费……日前,中央学习贯彻习近平新时代中国特色社会主义思想主题教育领导小组办公室会同中央层面整治形式主义为基层减负专项工作机制办公室对3起整治形式主义为基层减负典型问题进行通报,释放出以主题教育深化拓展整治形式主义为基层减负工作的信号。

从整治文山会海、统筹规范督查检查考核,到纠治"指尖上的形式主义""工作简单化一刀切"……党的十八大以来,在以习近平同志为核心的党中央坚强领导下,各地区各部门持续发力,

如何 始终保持干事创业精神状态

解决了一批形式主义、官僚主义突出问题，刹住了一些歪风邪气。但也要看到，当前一些形式主义、官僚主义问题依然顽固多发，既有反弹回潮的老问题，也有隐形变异的"新马甲"，必须以"抓铁有痕、踏石留印"的劲头严抓不放、常抓不懈。

抓好"关键少数"，将对上负责与对下负责统一起来。无论是不顾客观实际蛮干硬干，督查检查考核过多过频，还是简单以"运动式""命令式"开展工作，根源是一些党员领导干部政绩观错位、责任心缺失，用轰轰烈烈的形式代替了扎扎实实的落实。以主题教育为契机，各级党员领导干部要注重从思想观念、工作作风和领导方法上找根源、抓整改，树牢造福人民的政绩观，把对上负责与对下负责统一起来，多做打基础、利长远、出实效、创实绩的事，为基层真减负、减真负。

健全体制机制，让应尽之责和应减之负明晰起来。基层一线任务繁重，矛盾问题集中，想要用好基层这根"针"，就要先整理好上面的"千条线"。厘清不同层级、部门、岗位之间的职责边界，按照权责一致要求，建立健全责任清单，科学规范"属地管理"，才能切实防止层层向基层转嫁责任。当前，一些地区用好数字化政务工作平台，将"千条线"织成"一张网"，减轻基层多头上报、重复上报的负担；一些地方出台厘清村级组织应尽之责和应减之负的指导目录，确保权责归位，让基层干部履职有据可循……以主题教育为契机，各级党组织应进一步结合实际，上下联动、综合施策，推动基层减负工作落到实处。

加强正向激励，把松绑减负与关爱赋能结合起来。让基层干部轻装上阵，既要做好松绑减负的减法，又要做好正向激励的加法。从实处着力解难题，要求各地区各部门突出抓基层、强基础、固基本的工作导向，真正重视基层、关心基层、支持基层，对基层干部多一些雪中送炭、少一些求全责备；同时，树立重实干、重实绩、重担当的考核导向，切实落实好"三个区分开来"，在为干部干事创业划清底线红线的同时，健全容错纠错、澄清正名机制，为担当作为、干事创业者提供广阔舞台。

为基层减负就是为实干撑腰。只要各地区各部门扎扎实实深化拓展整治形式主义为基层减负工作，基层干部就能更好地卸包袱、抓落实、促发展、创实绩，凝聚起新征程上真抓实干、攻坚克难的强大动力。

（赵成 《人民日报》2024年01月23日第19版）

如何 始终保持干事创业精神状态

既有担当之心又有担当之能

干部干事创业，既要有担当之心，又要有担当之能。敢于担当，体现的是作风和勇气；善于担当，体现的是本领和能力。习近平总书记多次强调，"不仅要有担当的宽肩膀，还得有成事的真本领""既要政治过硬，也要本领高强""既要德配其位，也要才配其位"。这为干部特别是年轻干部在新时代伟大实践中砥砺担当之心、提升担当之能指明了方向、提供了遵循。

思想是行动的先导，想担当是有担当的前提。干部干部，干是当头的，既要想干愿干积极干，又要能干会干善于干，其中积极性又是首要的。干部要有担当之心，就是要有想担当、愿担当的主观意愿。年轻干部精力充沛、思维活跃、接受能力强，正处在长本事、长才干的大好时期,是党和国家事业发展的希望。想担当本是党性所驱、职责所系、成长所需,然而现实中时而有诸如"干得好不如躺得好""路见不平,绕道而行""无过就是功"等消极思想腐蚀着年轻干部的头脑,成为成长路上的"拦路石"。搬走这块"拦路石",年轻干部首先要自身发力,自觉把党的初心使命铭刻于心,保持"一日无为、三日难安""去民之患,如除腹心之疾"的进取心态,提升"为官一任,造福一方,遂了平生意"的人生境界,为想担当注入不竭的精神动力。同时,各级党组织也要注重调动年轻干部想担当的积极性,从加强党性锻炼、考核评价、用人导向等方面,引导和推动年轻干部不断提高思想觉悟、精神境界、道德修养,树立正确的权力观、政绩观、事业观,保持共产党人的政治本色,筑牢干事创业的担当之心。

"褚小者不可以怀大,绠短者不可以汲深。"年轻干部要有胜任领导工作的能力,要有能担当、会担当、善担当的本领。软肩膀挑不起硬担子,只有本领过硬,多几把刷子,才能有想担当的底气和自信。如果只有想法没有办法,那也只是空想。当前,我们处在前所未有的变革时代,干着前无古人的伟大事业。如果知识不够、眼界不宽、能力不强,只知道"吃老本""念旧经""哼老调",不会"谱新曲""唱新歌",就会陷入"老办法不管用、新办法不会用、土办法不能用"的尴尬境地。对此,年轻干部要依靠学习克服本领恐慌,持之以恒地勤学苦练,不断提高政治能力、调查研究

如何 始终保持干事创业精神状态

能力、科学决策能力、改革攻坚能力、应急处突能力、群众工作能力、抓落实能力，努力成为各自领域的行家里手，练就能担当的硬脊梁、铁肩膀、真本事。坚持学以致用，积极响应组织号召，主动投身到改革发展稳定第一线，到重大任务重大斗争最前沿，到艰苦复杂地方和关键吃劲岗位去磨炼，在磨炼中长本事、壮筋骨，努力成为越担当越会担当、越担当越能担当、越担当越想担当的栋梁之才。同时，各级党组织也要有针对性地为年轻干部"充电赋能"，坚持以制定实施新一轮干部教育培训规划和修订干部教育培训工作条例为牵引，扎实做好新时代为党育才工作，加强对年轻干部的思想淬炼、政治历练、实践锻炼、专业训练，帮助年轻干部及时填补知识空白、补齐素质短板、强化能力弱项，使之更好肩负起新时代的职责和使命。

年轻干部生逢其时、重任在肩，在大有可为的新时代，唯有坚定矢志不渝的担当之心、练就扎实过硬的担当之能，真刀真枪锤炼能力，以过硬本领展现担当作为，方能担当起党和人民赋予的历史重任。

（代江波 《学习时报》2023年10月13日第01版）

福建省厦门市注重在斗争一线考察识别干部——

为担当者担当负责　为干事者撑腰鼓劲

"该同志责任心较强，风风火火、雷厉风行，一听到有企业来访，立马精神百倍，不放过任何一个推介项目的机会""该同志敢于建议直言，临近退休仍保持较高工作热情""该同志有时比较急躁，批评人让人下不了台""该同志与副手配合不够顺畅，到一线相对较少"……

这是厦门市委组织部负责考核的干部在一线考核调研报告中写下的几段表述。

"开展一线考核调研，我们更为精准科学地为干部画像，为推动能者上、优者奖、庸者下、劣者汰提供了重要依据，让干部队伍风气为之一新。"厦门市委组织部分管日常工作的副部长郑一琳介绍。

在厦门，得益于一线考核，一批敢于干事创业、攻坚克难的干部得到晋升重用，越来越多的干部主动申请到条件艰苦、问题复杂、矛盾突出的岗位经风雨、见世面、长才干，担当作为、苦干实干的氛围日渐浓厚。

明确考核方向，在斗争一线听实话看实情察实绩

从厦门岛环岛东路驶入翔安大桥，仅 5 分钟，便进入了翔安新城。

"刚刚通过的跨海大桥 2023 年 1 月刚开通，以前走隧道来翔安需要 10 分钟，而十几年前，开车需要 1 个多小时……"在翔安新城片区指挥部副总指挥、翔安区副区长张清海看来，这里每天都有新变化，处处迸发新活力。

习近平总书记当年在福建工作时对厦门提出"提升本岛、跨岛发展"重大战略，厦门市启动 8 个重大片区开发建设工作，翔安新城片区就是其中之一。

重大片区事关厦门未来发展，也是工作最吃劲的地方，厦门市委组织部从 2019 年起连续 5 年对 8 个重大片区指挥部开展一线考核。来自组织部的两名干部挂钩一个指挥部，每周至少 1 天到现场

与驻点干部一同工作。

"参与新区建设，肩上的担子很重。市委组织部派来的同事，和我们一起开例会、看现场、下工地，近距离观察干部，也力所能及协调助推工作。"张清海说，"时间紧、任务重、难度大，但有组织在身边，干起活来心里踏实，我就只管满踩油门往前冲！"

"从征迁到项目落地，从安置房到市政配套建设……片区的改造升级，是多个项目综合推进建设的结果，需要协调各相关单位，统筹规划、通力协作，一个难题一个难题突破，一步一个脚印推进。"厦门市委组织部考核组成员黄吉龙介绍，在重大片区指挥部开展一线考核，旨在高效推进指挥部工作落地落实，同时激励干部在一线增长斗争本领，冲锋在前、担当作为。

2017年，厦门市委组织部出台专门文件，对在重点工作一线考核工作的范畴、任务、方法等作出规定，明确提出"市委组织部选派1/2干部、投入1/3时间牵头考察重点工作一线市管干部"等刚性要求，同时建立起组织部门干部与重点片区、重点项目、重点工作"一对一"挂钩联系机制。

斗争的焦点在哪里，干部在哪里斗争，考核的重点就在哪里。

旧城旧村改造、新机场建设等重大项目，看开工竣工投用、实物工作量形成；培育壮大集成电路、生物医药、新能源、新材料等特色优势产业发展，看项目签约落地、用工用地要素保障、建成投产；厦门自贸片区、两岸融合发展先行示范区等重点领域改革，看

如何 始终保持干事创业精神状态

创新体制机制、综合效应；基层治理难题，看面貌变化特别是群众的获得感、满意率……

湖里区殿前街道，是厦门岛内面积最大的街道，是进入厦门岛的交通要地，区位优势明显，也拥有岛内最大的村改居社区——高殿社区，面临一系列基层治理难题。

"市、区两级组织部门同志通常都是不打招呼、直奔现场，同我们谈心谈话，了解我们的工作和生活情况，帮助解决实际问题。"殿前街道党工委书记唐达达清楚记得，2022年6月，湖里区委组织部派出蹲点调研组进驻街道，围绕班子运行情况和网格化工作推进情况等深入调查，给基层治理"把脉开方"，推动了街道治理水平的提升。

"深入斗争一线，我们可以近距离考察干部的政治素质、工作能力，不仅看干了什么、怎么干、干成了什么，还要听群众口碑、涉及部门及企业的评价。"厦门市湖里区委常委、组织部部长潘敏毅介绍。

湖里区的蹲点调研是厦门市开展一线考核工作的一个缩影。近年来，在市委组织部的示范推动下，各区以及大的系统单位聚焦上级部署，在防抗"莫兰蒂"台风、金砖国家领导人厦门会晤筹备保障工作、统筹疫情防控和经济社会发展、组织征迁扫尾攻坚等重点工作中开展一线考核，通过考核发现掌握表现突出和表现较差的"两头"干部，挖掘推广相关工作经验做法。

第三编 为实干担当鼓劲撑腰

创新方式方法，确保精准科学考准考实

建成 8 个新工业革命领域赋能平台，推出上百个金砖示范项目；打造 23 个金砖示范性专业培训项目，推出培训课程 680 门；举办 33 期金砖人才培训活动……金砖国家新工业革命伙伴关系创新基地正式启用以来，成绩亮眼。

2020 年 11 月 17 日，习近平主席宣布"将在福建省厦门市建立金砖国家新工业革命伙伴关系创新基地"。厦门市成立金砖创新基地建设领导小组办公室（以下简称"金砖办"），工作迅疾展开。

市委组织部第一时间指派干部到市工信局等部门蹲点考核，金砖办实体化运作后，从组织部门选派两名干部定点跟班工作，在承担政策协调、人才培养等重要任务的同时，观察掌握干部表现。

"客观全面掌握班子情况，就要多走多问多听，收集各方评价反馈；深入了解干部，首先要让自己成为'泥腿子'，在一起加班加点工作，才能看到实情、听到实话……"作为市委组织部选派来金砖办蹲点的干部，黄玉玲对一线考核颇有心得。

2022 年，黄玉玲共撰写 6 份工作报告，汇报金砖办班子运行情况和存在问题、干部表现，并提出意见建议。

干部考核贵在精准，也难在精准。为了考准，厦门市组织部门将平时考核、重点任务指标要求融入考核，考核人员在一线蹲点，把"点位"当"考场"，注重细、深、实，开展沉浸式考核。近 5

如何 始终保持干事创业精神状态

年来，累计开展沉浸式考核近 50 批次，走访各单位超过 1000 次，考核干部超过 7000 多人次。

有沉浸式一线蹲点，也有阶段性专题调研。

2022 年初，市委组织部组建 10 个调研组深入区、市直部门、国企、指挥部等 118 家单位，开展全面调研考核，访谈 3400 多名干部群众。像这样的全覆盖式干部工作专题调研，厦门每两年开展一次。

"专题调研力求较为全面掌握各个单位业务长短板、队伍建设优缺点和领导干部个人意向、内心想法，为有序开展日常调配、优化班子结构功能提供依据。"厦门市委组织部干部考核组成员张哲菁介绍。

方式方法直接关系考核成效。一线考核重在摸清摸透情况，贵在推动解决实际问题。

2022 年一季度，某区招商引资实绩竞赛、主要经济指标排名下滑明显。市委组织部分析决定，安排熟悉招商经济业务的一线考核干部进驻，访谈发改、商务、财政等领域干部，深入了解情况、查找问题并分析原因。

"考核干部进驻，让想躺平的干部躺不下去。大家纷纷走出去寻找资源、对接客商，加速项目策划推进，全身心投入稳经济、稳增长当中，推动 30 多个优质项目落地、开业。"该区商务局局长说。

干部动起来、干起来、拼起来，工作随之见成效。该区二季度招商项目合同落地率从一季度的 7% 左右提高到 60%，投资完成率从 23% 提高到 50%，主要经济指标排名从全市靠后提升到前列。

用好考核结果，为敢于善于斗争的干部撑腰鼓劲

蓝天碧海间，沙滩、红树林、步道、酒店群相映成趣。2023 年春节期间，厦门同安新城的滨海旅游浪漫线成为游客的热门打卡地。

"10 多年前，这里还是一片滩涂养殖地。"指着海滩的方向，厦门市同安新城片区指挥部常务副总指挥陈江生介绍，全长 52.6 公里的环东浪漫线如今已建成 25.3 公里，成为厦门旅游新地标。

"市委组织部的同志经常参加我们的会议，一起去项目现场，找各类人员了解情况。长期跟踪下来，他们清楚了解每名年轻干部的长短优劣。"陈江生说，他本人正是一线考核的受益者，"来指挥部挂职时，我在市住房局任处长。组织通过一线考核对我深入了解、结合长期表现，提拔我为副局长。"

用好一个人，激励一大片。厦门市委组织部把考核结果与干部激励奖惩挂钩、与干部管理监督结合、与干部选拔任用连通，树牢鲜明正确的导向，引导干部特别是年轻干部在重大斗争中勇于担当、主动作为。

"我们把一线考核结果运用在干部选拔任用、年轻干部发现培养等工作中，注重从主攻战场、一线艰苦岗位选拔干部，"厦门

如何 始终保持干事创业精神状态

市委组织部考核组成员林志强介绍,"近3年来新提任的市管干部中,从基层一线、重大项目、重点工作提拔上来的达80%以上。"

为进一步激发干部干事创业的精气神,厦门出台激励干部担当作为的实施意见;根据一线考核结果推荐77名干部获评优秀共产党员、人民满意的公务员、抗击疫情先进个人;连续3年挖掘宣传130多名在斗争一线知重负重的"奔跑者",汇编新时代奔跑者系列丛书,举办先进事迹巡回宣讲;实施进一步关心关爱疫情防控一线干部10条举措;对在指挥部、疫情防控一线表现突出的干部,单列年度考核优秀指标,最高提高到30%……

通过考核,既要让能者上、优者奖,也要让庸者下、劣者汰。

争创首届全国文明典范城市,是一段时期以来厦门的重点工作。

厦门市委组织部通过组建专班,分区、分部门联系跟踪,参加市联合督导、工作调研等方式,在及时掌握创建进展成效、堵点难题的前提下,跟进调整优化部门、基层班子功能,推动形成创建合力并取得实效。

不久前,组织部锁定了一个问题点位——位于某区中心位置的一个街道,督导考评发现的问题点多面广、比较普遍。

锁定目标,市委组织部一线考核组多次到辖区明察暗访,实地对通报的点位、问题逐一核实并访谈街道领导和有关部门。

"街道对问题整改不够有力、整改达标率低,有些面上的问题反反复复；街道主要领导对创建工作思路不清、办法不多，存在等靠畏难思想和工作进展慢等情况。"经过调查研究，考核组将发现的问题写入调查报告。

经研判，市、区组织部门及时对街道领导班子进行优化调整，市委组织部选派基层治理能力强、熟悉文明创建业务和基层情况的优秀干部担任街道主要领导。

直面问题、积极作为，新班子大力推进老旧小区改造，引进物业常态化巡查管理，较好解决原先易"回潮"、常反复的无物业小区管理缺失、背街小巷脏乱差等问题，有力促进文明创建成绩的提升。

"在重大斗争一线观察干部、了解干部，我们加强对敢于斗争、善于斗争干部的激励保护，为担当者担当、为负责者负责、为干事者撑腰，让干部在面对急难险重任务时更有底气、更有力量。"厦门市委常委、组织部部长陈沈阳说。

（赵成　《人民日报》2023年02月21日第19版）

如何 始终保持干事创业精神状态

山东省建立健全干部担当作为激励和保护机制——
组织为干部担当　干部为事业担当

为强国建设开好局、起好步，把党的二十大擘画的宏伟蓝图变为美好现实，都需要广大党员干部攻坚克难、担当作为。

山东省近年来在激励干部担当作为上持续用力，注重完善制度机制，树立鲜明用人导向，精准考核奖励，为干部撑腰鼓劲，让干部愿担当、敢担当、乐担当，人人争当实干家，形成干事创业的浓厚氛围。

到一线去、在一线选，考核重实绩激发干事创业热情

2022年6月，1987年出生的夏辉履新济宁市投资促进局党组成员、副局长，他自己都很意外，"正常在机关工作提拔还早呢，要感谢'助企攀登'活动，让我有了施展的平台"。

2021年8月，济宁市开展"助企攀登"活动，选派810名干部驻企提供服务，夏辉就是其中一员。这是济宁实施"制造强市"战略的重要一环，推动力量向制造业集合、政策向制造业集中、要素向制造业集聚。他们要做的，就是发挥优势，为企业发展排忧解难。

一年驻企，夏辉全情投入，干得热火朝天，交出了一份亮丽的成绩单：协调部门帮助企业解决了新增煤耗指标缺口、完成了固废填埋场整改和环评手续变更，通过市场手段解决了一项企业智能化改造的关键难题，还拓展产业链成功招引多个项目落地……

回头来看，夏辉对"攀登"二字有了更全面的理解："干部助力企业产业升级是攀登，企业帮助干部提升能力也是攀登。一年时间，我跟企业打交道、抓产业升级、解决实际问题的能力得到全方位历练。"

夏辉能够被组织识别，要得益于济宁市"考人""考事"深度融合的考核办法。济宁市委常委、组织部部长王春河说："红旗插在哪里，大家就往哪里冲锋。我们将重点任务作为考核识别干部的主战场，围绕'制造强市'等深入一线开展调研，到项目部看、到工地听、与知情人谈，通过攻坚克难的'事'考核识别担当作为的'人'。"

"派干部到一线，然后到一线选干部，让干部感觉组织始终在身边，干多干少干好干坏，都有一笔账，而且直接与考核结果和使用挂钩，干事创业的热情一下子被激发出来了。"夏辉说。

考核是指挥棒、风向标，组织"考什么、怎么考"，直接关系干部"干什么、怎么干"。围绕如何科学评价干部政绩，山东省近年来不断改进考核办法，推动干部事争一流、唯旗是夺。

聚焦"考什么"重塑指标体系，为干部担当作为画出路线图、着力点。围绕习近平总书记对山东工作提出的"走在前列、全面开创""三个走在前"构建考核框架，将服务和融入新发展格局、增强经济社会发展创新力、推动黄河重大国家战略、改善人民生活促进共同富裕作为四大主题内容，突出科技自立自强、新旧动能转换等强优势、补短板、守底线指标，把班子承担的指标分解到班子成员。

聚焦"怎么考"重建方法体系，分类差异化考核让每个市都有出彩机会。山东省16个市，基础条件、发展潜力各不相同，放在一起考核，难免不公平。山东的做法是16个市分为3组，济南、青岛对标全国副省级城市比高低，其他14市也分成两组争位次，7个做优做强，7个追赶跨越，搭建起争有对手、赶有目标的公平竞争机制。

聚焦"怎么用"，建立考核结果与评选树优挂钩机制。将考核结果与班子干部考核和公务员考核、干部选拔任用等充分挂钩，干得好才考得好、考得好就用得好。明确规定：对绩效考核"一等"

的市和优秀等次部门单位，在干部选拔使用上重点考虑、在职级职数统筹上重点倾斜；考核"一等"单位的公务员年度考核优秀比例，高出"四等"7个百分点。

担当作为，干事为先；评判实绩，考核为要。"就是要发挥绩效考核指挥棒作用，充分激发干部担当作为争一流的内生动力。"山东省考核工作办公室副主任李建明说。

能者上、庸者下，正确用人导向是最大激励

青岛市北，崂山脚下，有条张村河，沿河两岸分布着12个社区，曾是青岛主城最大的"城中村"片区，以脏乱差闻名。原来也动议改造过，因历史遗留问题多、利益盘根错节搁浅，青岛跨海大桥高架路二期也因此"停摆"达12年。

2023年以来，崂山区中韩街道党工委书记王少鹏带着街道一班人，啃下了这个22年没有破题的"硬骨头"，大力推进旧村改造。如今沿河居民新区拔节生长，虚拟现实产业园建设火热，一个全新规划的新片区正在生成。

因速度快、质量高、信访少、群众满意，张村河片区改造成为青岛市城市更新建设的样板。王少鹏也脱颖而出，被提拔为崂山区委常委、政法委书记。

王少鹏就是青岛在着力锻造的"实干家"队伍中的一员。"市委提出打造实字当头、干字为先的'实干家'队伍，出台了专门意

如何 始终保持干事创业精神状态

见,作出3个方面15项部署,就是要鲜明树立重实干重实绩的用人导向,立起'凡事讲政治、谋事为群众、干事重实效、成事争一流'的作风能力标尺。"青岛市委组织部副部长史浩介绍。

对干部最大的激励是正确用人导向,用好一个人能激励一大片。

省级层面,山东抓住换届契机,通过大力选用扛硬活打硬仗的好干部,树立起鲜明的用人导向:担当作为、实绩突出的177名干部优先使用,善于应急处突、驾驭复杂局面的85名干部优先选任班子正职,5名全国优秀县委书记、20个脱贫攻坚重点县的县委书记全部得到提拔或进一步使用。

山东省委组织部副部长、省公务员局局长崔海涛介绍,省里建立了较高职级职数"周转池",对攻坚克难、表现突出的干部可不受单位职数限制、使用"周转池"职数优先晋升职级,已累计对表现突出的1100余名干部,统筹使用职级职数优先晋升。

能上又能下,导向更鲜明。在中央精神指导下,山东各地积极探索机制,推动干部能上能下工作落到实处。

临沂市沂蒙山世界地质公园管理局党组成员、副局长郭飞跃就在两年时间里经历了悲喜二重奏。

2019年底,时任临沂市河东区副区长的郭飞跃,因分管的土地、城建工作不力,被认定为不适宜继续担任现职,调往市地震台任四级调研员。从实职到虚职,骤然的变动让郭飞跃陷入巨大的失落。

郭飞跃至今记得组织部门谈话时的一番话："放下思想包袱，扑下身子加油干，要相信不会白干，组织对每个干部都是了解的。"郭飞跃听进去了，到新单位不久便主动申请去偏远乡镇帮扶，因表现出色，又有工作专长，市里组建大项目推进工作专班，又调他担任一个专班的办公室主任。

再次回到熟悉的城建领域，郭飞跃备受鼓舞，铆足了劲证明自己，工作广受好评，他本人还到市里召开的座谈会上介绍经验和做法。同时，他痛定思痛，决心补上专业能力短板，利用业余时间攻读，通过了司法考试，在同事朋友间传为美谈。

2021年8月，郭飞跃被组织进一步使用到了现职。一下一上，郭飞跃十分感慨："下当然有压力，但如果转化好了，就会变成干工作的干劲和狠劲。感恩组织不离不弃，继续给机会给舞台，我才有机会走出低谷。"

能上能下，关键在下，难点也在下。山东省修订推进领导干部能上能下规定实施细则，细化了28种"下"的情形，省市县对135名不适宜担任现职干部作出调整；同时各地探索加强后续管理，推动形成能上能下、能下能上的良性循环。

能者上、优者奖、庸者下、劣者汰，鲜明导向立起来，干部队伍的活力就迸发出来了。

如何 始终保持干事创业精神状态

容错正名、审慎问责，让干部放开手脚敢想敢干敢创新

2022年7月初，临沂市郯城县行政审批服务局局长石瑞强接到上级通报，他被匿名举报了，几条"罪状"：调整干部违规操作，决策一言堂，亲属承接绿化工程。

石瑞强心里清楚，是改革动了别人的奶酪。行政审批服务局本身就是改革的产物，原先30多个部门的审批事项集于一身，为的就是减少审批环节，让企业群众办事便捷。

这两年审批环节不断减少，行政审批服务局又着手推进行业综合许可证改革，即一业一证。"比如开饭店，要有营业执照、卫生许可证和从业人员健康证，分属市场准入科和社会事务科，但两个科室配合上出现了问题，改革遇到了'中梗阻'问题，要顺利推进只能动干部。"石瑞强介绍。

经县委组织部审批同意后，行政审批服务局进行中层干部调整，对一些关键岗位和连续在同一岗位任职时间较长的同志进行了轮岗。就是这次轮岗，让一名中层干部产生了不满，其家属为此捏造事实寄出了举报信。

"那几天的心理很复杂，担心组织不信任，担心同事质疑和群众不理解，甚至怀疑动真碰硬改革是否值得。"石瑞强坦言。

组织行动之快，出乎石瑞强意料。组织、纪检、公安等部门组成快速查处小组，5天给出了初步结论：反映问题不实。7月20

日，在收到举报信的第二周，快查小组就来到行政审批服务局召开会议，公布调查结果，对石瑞强进行澄清正名。

2023年2月，石瑞强履新县文化和旅游局党组书记、局长。"组织为敢于动真碰硬搞改革的干部撑腰，这不仅对我个人是莫大的安慰，对身边的同事也是一种激励，正气更加充盈，干事的氛围更浓厚了。"石瑞强说。

为石瑞强澄清正名并非个案。在临沂市，持续开展诬告陷害举报行为专项治理行动，采用会议、通报、公示、媒体等为一批干部公开澄清。在山东省，2021年7月，专门出台暂行办法，明确诬告陷害的情形标准、查核流程、处理方式等，对澄清正名工作的方式、程序等作出规定。文件印发以来，各级组织部门查处诬告陷害案件143起，为2770余名干部澄清正名。

不仅正名，还要容错。山东省修订容错纠错办法，坚持"三个区分开来"，正确把握干部在工作中出现失误错误的性质和影响，对攻坚克难中存在无意过失及先行先试出现探索性失误的838人容错，通报典型案例13起。

精准开展容错纠错、澄清正名，让真正干事的干部放下包袱、轻装上阵，防止"洗碗效应"，避免"干事多出错多、不干事不出事"的逆向惩罚。

问责泛化、简单化也曾给干部干事带来困扰。山东的做法是，坚持问责"四不"：未经查实不随意问责，不层层"戴帽"问责，

如何 始终保持干事创业精神状态

不以问责代替管理，不追求问责数量，努力做到"精准审慎"；深化运用"四种形态"，2022年第一形态占比73.6%，比2021年提高了12.6%；同时出台办法规定，被问责干部受处理影响期满后，符合条件该使用的及时合理使用。

为了让基层干部从无谓的事务中解脱出来，山东省认真落实中央八项规定及其实施细则精神，深化整治形式主义为基层减负。据统计，2022年，省本级制发文件、召开会议均同比下降10%以上，报表材料减少32.9%，省级督检考事项减少18.5%。

山东省委组织部分管日常工作的副部长孙开连认为："激励干部担当作为是一项系统工程，要求组织首先要担当，通过综合施策，让干部解放思想、解放时间、解放空间、解放手脚、解放潜能，心无旁骛抓落实，敢想敢干敢创新，努力涵养求真务实、真抓实干的良好风气。"

（刘维涛　《人民日报》2023年04月18日第19版）

第三编
为实干担当鼓劲撑腰

真正把"指尖"上的负担减下去

近年来,电子政务平台的广泛应用,大大提高了行政工作和为民办事的效率。不过,有的地方在政务电子化过程中也出现了工作应用软件开发过多过滥、数据重复申报、过度"留痕"等"指尖上的形式主义"问题,加重了基层负担。

近日,记者赴多地采访,了解"指尖上的形式主义"问题具体表现,与读者、网友、专家等共同探讨如何为基层干部松绑减负,激发他们干事创业的热情与活力。

如何始终保持干事创业精神状态

清理整合群组
打通数据壁垒

"从早到晚,手机信息响个不停""每时每刻盯着'群',生怕漏看通知""手机里安装了20余个工作软件,各种打卡、报材料"……谈起"指尖上的形式主义",一些基层干部感受深刻。

记者在采访中发现,基层干部反映"指尖上的负担"最直观的表现就是"两多":一是网络工作群多,二是工作应用软件多。

"我手机里有几十个微信群,有的是条线部门的,有的是项目小组,有的是专项工作。不仅需要及时回复,有的还要定时定点打卡,每天都要花很多时间盯着手机看。"一名社区干部说。

"要求基层干部关注各种微信公众号、下载安装各种手机应用,签到、点赞、转发等,挤占了基层干部的工作时间,增加了额外负担。"甘肃张掖市纪委监委党风政风监督室主任胡海说,针对网络工作群和工作应用软件过多过滥等形式主义问题,张掖市通过专项整治开展清理整合,全市微信工作群数量下降45%、QQ工作群数量下降47%,取得良好效果。

"上面千条线,下面一根针。"采访中,记者发现,基层干部之所以"抱着"手机放不下,是因为要应付大量上级部门的数据报送要求。有些部门下达报送任务时,往往不考虑基层工作压力,单个部门的数据要求看似不多,但多个部门的要求同时传导到基层,就成了负担。

"不少数据都是重复报送。"西部某省会城市一名社区干部说,"有的部门其实可以从其他部门取得相应数据,但为了省去沟通协调的麻烦,要求基层一级级填报。而且这些数据每隔一段时间还要重复填报,说是为了更新数据,但有些数据变化很小,没必要时时更新。"

有的部门之间管理职能交叉,却存在严重的数据壁垒,形成了"数据烟囱"。沿海某县一名乡镇干部反映,乡里要举办一项文化活动,在报审时,需要同时录入县委宣传部的两个系统和县文广旅体局的两个系统,"系统之间为什么不能打通使用呢?提升工作效率的同时,又能减轻基层工作人员的负担。"

广东云浮市读者张培胜在来信中说,他去一家单位参访,发现这家单位的文件传阅程序让人不可思议:"传阅文件要领导在网上签批,然后再把文件打印出来呈送领导,复印领导批示意见后正式下发;同时,还要把领导的批示意见扫描进电脑存档。网上网下重复走流程,这样的数字化改革加重了工作负担。"

中央党校(国家行政学院)公共管理教研部教授何哲认为:"目前,信息系统条块分割比较明显,各部门各自建立信息系统,但信息采集任务都压在了基层一线。"他建议,进一步构建统筹通用的基层信息系统,解决一次填报多处应用的问题,并通过大数据综合分析、智能填报等自动化手段,减轻基层重复填报的负担。

一些地方提出了有针对性的措施。甘肃肃南裕固族自治县明确要求,对不协同、不通气,多头、频繁要求基层报送相同或者相似的基础性数据和材料,导致基层重复劳动的要进行问责。福建厦门市湖里区则依托"数字湖里公共管理平台"对多个端口进行了整合,实现各部门信息共享。

修正考核标准
重视工作实绩

不合理的考核往往是催生"指尖上的形式主义"的重要原因之一。有的考核只注重打卡留痕,导致基层工作在"指尖"上运转。比如,只要拍照、打卡、发朋友圈、截图上报,就证明在岗了、工作了。有的干部因此重"痕"不重"绩",为完成任务走过场、做样子,应付了事。

还有的对工作软件下载量、活跃度等进行考核,给基层造成额外负担。2023年1月,浙江杭州市淳安县纪委以大墅镇为样本开展专题调研,结果发现,大墅镇目前在用的各种电脑软件、手机应用、微信小程序等有100多个,其中有明确使用要求的占70%左右。

"在数字化改革的大背景下,一些职能部门跟风开发了各种应用软件,并将软件使用情况纳入考核范围。有的虽然不考核,但会根据指标进行排名,给基层不少压力。"淳安县纪委监委党风政风监督室主任余泽宝说,县纪委监委牵头,重点针对县本级开发建设并贯通到乡镇村社的应用程序开展专项清理,目前已整改下架16个。

定任务、打分数、搞排名,本来是为了更好地激励基层干部开展工作,却因为考核标准不科学、不合理,背离了初衷。东部某省推出一款日常办公的应用程序,提出每天要有90%活跃度的考核要求。结果,有的乡镇干部为了完成任务,没工作需要时也不得不每天登录。还有一个督促乡镇村社及时发现安全隐患并排除的应用平台,为了达到考核所要求的使用频率,有的乡镇没有隐患时也不得不找些问题录入。

还有的地方不顾基层情况,设定不切实际的任务指标。某省曾推出一个名为"干部之家"的工作应用软件,其中有一项预约功能,方便工作人员约见上级领导。但这款软件在乡镇严重"水土不服"。"乡镇干部每天抬头不见低头见,哪还需要网上预约。可为了完成任务,有的时候大家坐在同一办公室,也用手机预约见面。"一名乡镇干部说。

还有的职能部门为推广相关应用软件,盲目下达下载指标。前不久,北方某省村干部小韩顶着烈日酷暑挨家挨户帮村民下载一款手机应用软件。"部门要求这款软件要激活户籍人口的一半,如果激活人数不足,要被问责。村里不少老人的'老年机'没办法下载软件,只能先把老人的手机卡放进自己的手机,激活后,再把手机卡还给村民。"小韩说。

不少基层干部表示，推广使用应用软件应以更加灵活的方式，而非以硬性考核带来不必要的负担。浙江杭州富阳区纪委书记、监委主任沈阳红认为，治理"指尖上的形式主义"要从考核指挥棒下手："建议将安装政务应用、关注微信公众号、网络投票等不合理要求移出考核细则，建立更加科学的考核激励机制，真正把工作实绩作为衡量标准。"

何哲建议，应完善对基层工作的检查考核制度，将多次检查合并为一次检查、将各种专项检查合并为统筹检查，尽量减少层层考核，根据基层实际情况，制定科学合理的考核标准。

用好数字便利
回归政务本质

在杭州市纪委副书记、监委副主任朱春根看来，数字化改革是未来大趋势，治理"指尖上的形式主义"应重在突出数字化改革实效，既要督促主管部门削减不必要的应用，着力纠改衍生出来的不必要的考核和通报等问题，又要打通部门间的数据壁垒，让数字应用管用好用。

"数字应用得当，能给基层减轻不小的负担。长期以来，各种报表是基层工作的痛点。杭州通过'一表通'系统，加强数据归集和信息共享。目前养老、人社、司法等 7 个高频条线已实现报表清零,占社工年度报表总量的70%。"朱春根说。

实际上,应用软件贴合实际、服务基层有效果,就能得到干部群众的支持。甘肃省肃南裕固族自治县县域广、形状狭长,最远乡村距离县政府所在地有300多公里。"以前到县上开个会,要花两天时间,路上奔波劳累不说,还耽误工作。"一名乡镇干部说,"现在,县里倡导开视频会议、网上办公,有什么传达指示,打开视频,一会工夫就开完了,节省了不少时间精力干工作。"

数字应用好不好,基层干部最清楚。纠治"指尖上的形式主义",要多倾听基层的声音。

"这个回访记录必要吗?""这些数据可以直接从医院导入,没必要通过镇街收集。""两个系统的服务功能有重合,不能因为开发商不同而不整合。"2023年……7月4日,杭州萧山区举行了一场整治"指尖上的形式主义"应用路演评审会,专家和基层干部代表向被评审应用主体单位接连发问并现场打分。

这是萧山区整治"指尖上的形式主义"专项行动之一。杭州萧山区纪委书记、监委主任周萍英说:"纪委监委联合区数据局经多维度评估,选出47个应用作为首批评审对象。目前评审的37个应用中,17个被取消,6个被整改合并。"

造成"指尖上的形式主义"的另一重要原因,是领导干部的作风。"各级政府应从自身做起,脚踏实地、扎扎实实做事。"张掖市纪委副书记、监委副主任王强说,"能在本级完成的任务,绝不转嫁、加码给基层。只要每一个单位、层级都这么做，整治'指尖上的形式主义'的成效就会越来越明显。"

纠治"指尖上的形式主义"，最终还是要让数字化回归政务的本质——服务群众。采访中，不少干部表示，"键对键"数字赋能的同时，不能忘了与群众"面对面"，干部群众鱼水情深，密不可分，切不可让数字化成为干部与群众之间的隔阂。

"盯着这个'群'，就进不了那个'群'。"甘肃山丹县东乐镇党委书记张永盛说，"我们要求村干部少发群、多入户。多往群众家里走走，向村民讲清政策、了解困难。"这样的要求，基层干部也乐意："了解民情当然是面对面最好，和老乡聊聊天，可比在办公室里填表掌握情况多多了。"

（孙立极　赵兵　《人民日报》2023年07月31日第07版）

第三编
为实干担当鼓劲撑腰

江苏南京市溧水区强化基层党建
激发党员干事创业内生动力

"在实境课堂参观学习后,我和同事们被革命前辈的艰苦朴素感动了,他们打江山不容易,我们一定好好珍惜。"江苏省南京市溧水区永阳街道党员徐明秀参加完党日活动后感慨地说。

近年来,溧水区立足本区特色,打造党员"冬训"活动品牌,党员集中开展学习、培训、实践活动,将党建工作落到实处。

踏着青石板走进村庄,"红色李巷"四个大字映入眼帘,青板砖、山石、鱼鳞瓦构建的房屋仍保留原样。目前,在红色李巷周围已建成铜山战斗纪念广场、里佳山烈士墓、抗大九分校旧址群、大金山国防园等红色基地,形成红色文化教育片区,成为充实溧水区

如何 始终保持干事创业精神状态

党员"冬训"活动生动的实境课堂。如今,红色李巷累计接待游客百万余人次,开展党员培训课程累计9412场,年度平均培训8万余人次。

走进溧水区洪蓝街道新时代文明实践所,墙壁贴满各项活动日程,图书室、书画室、健身房、公益电影院等活动场所一应俱全。巾帼活动室里挤满了听众,不时传来阵阵掌声、笑声。

"在座各位如果在民宿经营方面有困难可以来找我,只要我能帮,一定帮到底。"洪蓝米塘民宿负责人邱玉梅受邀前来讲述自己创业经验和心得体会。洪蓝街道开展党员"冬训"活动,提供政策咨询、科学普及、育儿交流、运动指导等党员服务。

目前,洪蓝街道建有1个新时代文明实践所、12个实践站及多个实践点(广场),组建"洪愿蓝图"志愿服务队,下设理论宣讲、巾帼风采、科技科普等8支专业志愿服务队和12支村社志愿服务队,培育骨干志愿者150余人,为群众提供全天候开放、集理论宣讲和志愿服务于一体的新时代文明实践阵地。像这样的新时代文明实践阵地,溧水区已建成1个中心、8个所、113个站。

在溧水区有关部门的带动下,越来越多的党员积极参与溧水区党员"冬训"活动的各类实践。

作为制造业高质量发展试验区,溧水区以党建引领产业链发展,推动全区77家新能源汽车产业链企业组建党建联盟,已吸纳党员750余名。

前不久结束的溧水区新能源汽车产业链党建联盟活动中，党员成员们围绕产业链党组织建设、人才智库建设、强化链上服务等展开热烈讨论，为提高新能源产业质效贡献智慧。"要齐抓共管、凝心聚力，切实把党建联盟建在'链'上，把先锋力量汇在'链'上，把服务保障抓在'链'上。"溧水区委常委、区政府副区长、溧水经济开发区党工委书记刘佳说。

在溧水区晶桥镇芝山村富硒生态产业园，南京农业大学的潘根兴教授带领学生社会实践团队，帮助村民开展田间管护工作。芝山村党总支书记李其军说："高校学生党员有文化、有活力，在他们的帮助下，我们村富硒大米卖得非常好。"

"作为一名党员学生，我会尽我所学所能服务基层，把论文写在祖国大地上。"南京农业大学农业资源与生态环境研究所研究生韩玥说。

（马原　《人民日报》2024年01月12日第11版）

如何 始终保持干事创业精神状态

各地深化拓展整治形式主义为基层减负工作——
基层减负担　干部添动力

　　习近平总书记强调,要把实的要求贯穿主题教育全过程,坚决防止和克服形式主义、官僚主义,实实在在抓好理论学习和调查研究,实实在在检视整改突出问题,实实在在办好惠民利民实事,用实干推动发展、取信于民。

　　第二批主题教育开展以来,不少地方深化拓展整治形式主义为基层减负工作,结合实际上下联动、综合施策,切实让基层感受到主题教育带来的新变化新气象。

第三编
为实干担当鼓劲撑腰

纠治文山会海
求实效办实事

2024年1月6日，湖北省宜昌市猇亭区云池街道下马槽社区，党总支书记吕明芳刚在居民家中宣传完冬季取暖安全知识，又赶忙和社区工作者会合，筹备新年活动。"去年底的民众测评，社区居民满意度明显提高，很大程度上得益于通过减文减会，我们有了更多时间和群众接触，为群众办事。"吕明芳说。

第二批主题教育开展以来，宜昌市委先后3次进行专题研究调度，从小切口入手，持续整治形式主义、官僚主义的突出问题，为基层干部松绑，进一步激发基层工作的创新活力。宜昌市委主要领导将"整治形式主义为基层减负"纳入主题教育调研课题，发放问卷1.4万余份，召开座谈会、研讨会，广泛征求意见，研究制定改进调查研究、规范发文、精简会议等9个方面16条措施，在10个县乡村和企事业单位设置监督直报点，实现对基层减负情况的动态监管。

"市纪委监委、市委组织部等相关部门还来社区调研，听取意见建议，一同分析问题，精准删除、整改不必要的工作流程。"吕明芳介绍，经过一番梳理和整治，社区减少定期报表9份，清除各类挂牌、服务标识、功能指示牌15个，明确35项证明事项清单和盖章事项，清单外证明事项压减了60%。

如何始终保持干事创业精神状态

宜昌市夷陵区樟村坪镇古村村坐落在群山之中。春节近了，返乡村民多了起来，党支部书记刘志华把道路、供水、供暖等方面的隐患排查纳入日程。每天吃过早饭，他就带上一些党员和村民，仔细检查路面和管线。"我们村离城区100多公里，有很长的山路，如果要去城里'跑会'，一个来回就得六七个小时。现在，会议基本是线上开，而且相关的事项可以合并讨论，开会次数也就减少了。"刘志华说。

第二批主题教育中，夷陵区对视频会议系统进行全面升级，全区13个乡镇（街道、试验区）173个村24个社区、29个一级区直部门均实现"一屏畅联"，会议、培训、调度等均可"一屏掌握"，减少基层干部"跑会"。

为防止"冗会""长会""跑会"现象反弹，宜昌市以常态化"自查＋抽查＋反向调查"持续推动减负工作走深走实，组织相关单位对村（社区）、企业（项目）、党政机关等开展蹲点调研，纠治基层反映强烈的调研陪同多、文山会海等形式主义问题，对7个县市区13个乡镇（街道）、20个村进行督导检查，发现并纠正了5方面14个问题。

规范督查考核

抓实干重实绩

新年第一周，吉林省长春市农安县巴吉垒镇党委书记吕晓龙整理好资料，带上一沓宣传册，驱车到市里忙招商。他说："现在督查检查考核数量少了，不用再在留痕、迎检上耗精力了，把时间用来谋发展、抓落实，自己心里也踏实！"

第二批主题教育中，农安县改进督查检查工作方式方法，明确要求不得把是否拍照、公示挂牌等留痕情况作为各类检查重点和考核赋分项。除紧急突发工作外，不得临时要求基层填报表格、提供材料。

"2023年，县委县政府下发的文件数较上年同比减少20%左右，减少的文件中，有不少是过去出于留痕需要而下发的。"农安县委办公室干部鞠丽莹说。

吉林省抓实上下衔接联动，省级层面制定优化《关于深化拓展为基层减负工作加强"三减一规范"的具体措施》，各地以开展第二批主题教育为契机，在理论学习、调查研究、推动发展、检视整改中，将纠治和力戒形式主义、官僚主义摆在更加突出的位置，以整治成果彰显主题教育成效。长春市纪委监委通过在村（屯）设立监督联络站、在市直部门设立基层减负监测点、在基层单位设立工作联系点等方式，及时了解掌握各地各部门收文发文、参会开会、政务APP，以及数据造假、"形象工程"等情况。

让督查检查考核少而精、深而实，是广大基层干部的心声。吉林省各地科学制定督检考年度计划，实行审批报备制度，持续压减总量，市（州）层面督检考计划事项总量由2022年的203项减少到

如何始终保持干事创业精神状态

173项，压减了14.8%，重复督查、多头检查、无效考核明显减少。

重庆街道位于长春市朝阳区核心地段，有多家商场和金融企业。这些天，街道党工委书记王德春正开展调研走访，了解企业需求和制约企业发展的问题。他说："现在督查检查更多的是不打招呼、直插现场、直面群众，而不是简单地听汇报，这更考验我们日常工作的成色。用在印资料、开会议、陪同检查上的时间少了，我们更要把群众、企业服务好，把问题解决好。"

为增强督查检查的科学性、针对性、实效性，长春市对适合暗访的督查检查，一律以"四不两直"方式开展，能选择有代表性地方的就不搞全覆盖，避免向基层过度索要材料、重复填表报数。

既松绑又赋能
激励担当作为

"孙书记，咱们居民区的活动空间好不好再扩充一下呀？"

"您放心，这个问题我们认真研究。"

花在开证明、录入资料上的时间少了，上海市浦东新区塘桥街道南城居民区党总支书记孙红菱有了更多时间在各小区走动，和居民们攀谈、了解需求。

"以往，居民去一些部门办事，总被要求先找居村组织开具证明。但许多证明并无必要，有一些证明也不应由居村组织开具。实行居村事务准入管理后，这方面负担大大减轻。"孙红菱说。

第三编
为实干担当鼓劲撑腰

现在,南城居民区仅保留了居民区党总支、居民委员会、居民区党群服务站、居民区新时代文明实践站等必要的牌子。"最多的时候,这里有近50块牌子。挂牌的减少,折射了居民区定位、作用的明晰,卸下不必要的负担,回归主责、服务居民。"孙红菱说。

主题教育中,上海市着力破解"基层不必要不合理负担较重"难题,制定了居村组织事务准入管理、依法履职和依法协助的"一办法两清单",市、区两级建立审核把关机制。基层减负情况纳入书记抓基层党建工作述职评议考核、述责述廉、中央八项规定精神专项督查和相关党政群机构考评的内容。目前在上海市,居村出具证明由47项精简至3项,高频填报系统由38个精简至15个,室外挂牌不超过6项,室内不超过8项。

在黄浦区瑞金二路街道延中社区,200多米长的进贤路两旁有60多家餐饮类商户,其中不少是"网红店",高峰时段每小时可涌入800人次,周边还住着近千户居民。

"商户多、人流量大,社区工作相对繁琐,线上平台很给力。"延中社区的社区工作者张燕,娴熟地操作由瑞金二路街道开发的"以房管人"应用,应用里企业商户等信息一目了然。张燕和同事们可以通过大数据,看到店铺申报的轻餐饮营业执照、申请装修等需求,提前介入提供服务,进行引导提示。

第二批主题教育中,上海市开发并在居村推广基层治理数字化平台,实现了"一口登录、一键查询、一屏使用",一些区、街镇

如何 始终保持干事创业精神状态

结合实际开发易操作、易维护、易升级的居村"轻应用",加强数字赋能。同时,着力破解基层反映集中的系统多、填报重复、数据不统一等问题,严防"指尖上的形式主义"。

"报表、系统、证明等方面减量,给基层干部带来的是服务增量。以往要由6名干部负责的系统,现在登录一个平台就能操作。坐办公室的时间少了,跟居民面对面接触多了。"闵行区颛桥镇银一居民区党总支书记张学军说。

为切实减少居村干部多系统重复填报工作量,闵行区集成涉及居村填报的70个业务系统,精简28张台账报表,并提供一对多台账发布、自动化报表生成、全方位工作记录等功能。

(沈童睿 曹玲娟 吴君 郑智文

《人民日报》2024年01月16日第19版)

第三编
为实干担当鼓劲撑腰

浙江持续为基层减负增效——
关爱激励出实招　扎根一线出实绩

上面千条线,下面一根针。近年来,各地在精文简会、检查考核等方面有过不少有益探索,但如何进一步"减真负、真减负"仍是亟待解决的现实课题。

在浙江省湖州市吴兴区,近期重返工作岗位的某基层干部发现了新变化:"现在综合考核项目由原18项减至7项,区里也依托积分考核体系将考人考事'统'起来,大家工作更有干劲了。"

近年来,浙江结合实际上下联动、综合施策,积极回应和及时解决基层工作遇到的困难问题,持续深化为基层减负工作,健全容错机制,注重从基层选拔任用干部,激励基层干部担当作为。

如何 始终保持干事创业精神状态

健全综合考核机制，树立重基层、重实干的选人用人导向

"过去，既有上级对下级的考核，也有区级对部门的内部考核，还有各综合条线的专项考核，种类有时多到记都记不住。"吴兴区某基层干部坦言，"不如把不合理的考核占用的时间拿出来，投入更多精力深入基层。"

浙江省委党校浙江发展战略研究院副研究员郭江江认为，一些基层干部仍然感到负担过重，这很大程度上源于个别地方错误的"政绩观"、过度的"留痕式"管理。"比如，有些单位下发红头文件确实少了，但通过微信等方式下达任务的情况增多了。"

基层工作千头万绪，不同地区因经济社会发展程度不同，工作侧重点和工作量也不一样。"少数干部宁愿待在山区也不去任务重的镇街，一些党员干部存在带头作用弱化等问题。"瑞安市委书记李坚说。

2019年，瑞安市委组织部拟将某乡镇领导班子成员调整到街道同等岗位工作。但在前期谈话过程中，该干部明确表示不愿意。李坚说："事后分析，虽然山区地处偏远、往返不便，但相比较发达的镇街，工作任务少，安全生产风险小，且待遇相差不大，所以该干部不愿调整岗位。"

此外，对一些年轻基层干部而言，阅历不足、业务不精、能力不强等问题较为普遍。杭州市临安区於潜镇党建办干部厉露露坦

言:"我毕业后直接到机关参加工作,成长经历单一,缺少实践锻炼和基层工作经验,在工作中有时找不到头绪。"

浙江省委组织部相关负责人介绍:"我们坚持好干部从基层来、到基层去,推动一茬接一茬优秀基层干部脱颖而出。"浙江各地树立重基层、重实干的选人用人导向,健全综合考核机制,大力选拔长期扎根一线、埋头苦干的基层干部,推动形成"县直部门一把手往镇街走、县级领导班子成员从镇街提"的格局。

破解基层干部成长瓶颈和考核焦虑,推出务实减负举措

2023年底,浙江召开了一次基层干部座谈会。参会人员聚焦"执政重在基层、工作倾斜基层、关爱传给基层"话题,就基层赋能减负、优化考核机制等问题畅所欲言。

浙江省委负责同志介绍,要聚焦破解基层干部"成长瓶颈",让基层干部有奔头;聚焦缓解基层干部"考核焦虑",真正做到考实、考准、考严、考公正;聚焦克服基层干部"问责恐慌",进一步形成干部为事业担当、组织为干部担当的正导向、正能量;聚焦减轻基层干部"负重包袱",让基层更有动力、有精力、有能力干工作抓落实。

近年来,嘉兴市深入开展"指尖上的形式主义"专项治理,截至目前,全市共删减应用127个,基层干部每日平均使用政务APP应用的时间减少65分钟;湖州市通过执行"周半无会"制度,实

行年初申报、计划管理、总量管控，对制度以外的会议严格控制数量；舟山市推进"一次考核"，把独立于综合考核之外的考核全部纳入体系，2023年市级考核事项同比削减25.9%，基层年终迎考时间同比缩减62.5%。其中，湖州市吴兴区推出干部"积分制"考核管理，坚持一套指标管考核，以单位综合考评成绩、个人任务完成率、干部群众多维评议情况等进行量化赋分，有效破解"干多干少一个样"的问题。

为了解决少数基层干部存在的不担当问题，瑞安市推出"以事找人"动态积分管理系统，对基层干部的实绩表现量化赋分，把完成时效、工作质效作为重要依据，树立"有为有位、多劳多得"的鲜明导向。如今，有不少山区乡镇干部主动请缨，希望调往任务更重的镇街历练。

着力破除干事创业的思想顾虑，推动基层干部卸下包袱大胆干

减负不是减担当，浙江将严管与厚爱结合，坚持激励与约束并重，为能作为善作为的干部提供更广阔的施展舞台。

基层干部如何卸下包袱大胆干？2023年，浙江制定健全容错纠错机制的实施办法，聚焦信访维稳、解决历史遗留问题、征地拆迁等领域，进一步形成具体化、清单化的21项容错情形和6项不予容错情形，着力破除干事创业的思想顾虑。

聚焦破解"容什么、如何容、不敢容"等难题，杭州市开展了容错裁定试点工作，探索容错纠错事前备案制度，明确6类免于问责情形、23项减轻处理情形、10条不得容错情形，对部分"没有先例"事项建立事前备案机制。

为进一步加强干部队伍培育建设，杭州市临安区深入实施"天目新竹"优秀年轻干部培养计划，动态建立300人左右的优秀年轻干部库，近年来，累计培训年轻干部1000余人次。该区注重在实践中培养锻炼干部，选派190余名年轻干部下沉基层，已有49名90后干部通过跨单位提拔交流的方式到镇街任职。东阳市持续完善双向交流机制，2023年以来有35名干部实现机关与乡镇的双向交流，鼓励干部在不同岗位锻炼成长。

浙江省委负责同志表示，要把有利于夯实基层基础、调动基层积极性主动性创造性、基层干部成长发展的事情办好办实，为基层干部安心干事、放心打拼创造更优环境和更好条件。

（窦瀚洋　《人民日报》2024年02月08日第11版）

如何 始终保持干事创业精神状态

各地完善考核办法，减少考核频次，防止多头考核、层层考核——
把干部从繁复考核中解脱出来

习近平总书记指出，"要加强信息资源共享，不能简单以留痕多少、上报材料多少来评判工作好坏"，"要控制各级开展监督检查的总量和频次，同类事项可以合并的要合并进行，减轻基层负担，让基层把更多时间用在抓工作落实上来"。中央层面整治形式主义为基层减负专项工作机制会议强调，着力完善考核办法，推动简单考"材料"、查"痕迹"向重点考成效、看"潜绩"转变，把干部从繁复考核中解脱出来，把更多精力用到抓落实上。

近日，记者赴多地探访，呈现各地改进考核方式方法、强化结果运用的进展情况。

压缩考核流程
精减考核指标

"您好,针对2023年度重点项目推进情况和2024年项目储备情况的考核指标,其中有关旗县区重大建设的指标共有4条,我们需要逐项报送报告吗?"内蒙古自治区呼和浩特市赛罕区发展改革委副主任兰海宇,向呼和浩特市发展改革委投资科科长腾格尔打去电话。

"只需报送一个总体报告就行,赛罕区的情况,我们在日常考核中就已经掌握了。"腾格尔回答。

兰海宇介绍,过去,市里对旗县区推动高质量发展情况进行考核,需要提交每一项指标完成情况的佐证材料。虽然一些材料在日常汇报工作时已经提交过,但是仍需要按照指标体系重新整理一套迎检材料,浪费时间精力。

从2023年开始,呼和浩特市推行考核指标集中会审制,通过挑重点、挤"水分"、减条目、看实效,推动考核指标"瘦身"。"如今的考核只需针对宏观指标提供简要说明,然后上传到考核评价信息系统就可以。"兰海宇说。

呼和浩特市相关部门要求,每年对当年度考核指标开展一次集中会审,不得将不能反映实绩实效的一般性、过程性工作作为采分要素,不得简单以留痕多少评判工作好坏,除有明文规定外不得将是否召开会议、印发文件、增加机构人员作为抓落实的评判依据。只有经

如何 始终保持干事创业精神状态

过会审通过的考核指标方能录入考核评价系统,不得随意增加。

"在考核方式上,我们要求各考核指标监控单位通过现场查验、动态评估等方式,及时进行预警提醒,掌握工作推进情况,由'重痕迹'向'重实绩'转变。"呼和浩特市委组织部考核工作科科长张刚平说。

呼和浩特市去年共对68家参与考核指标评价单位提出230余条精减改进建议,削减压缩开会、发文等评价条目350余条。"考核的初衷是为了提升工作质量,但是过于复杂的考核会让基层不堪重负。我们将继续通过对考核指标的'瘦身',防止'材料考核''搭便车考核'等。"呼和浩特市委组织部常务副部长宝力高说。

"开展公务员平时考核,便于精准掌握干部的履职情况,通过信息化平台,公务员个人填写工作记实只需3至5分钟,领导审核评鉴平均用时10分钟,树立了干在平时、比在平时的良好导向。"陕西省宝鸡市凤翔区城关镇党委书记师引强说。

近年来,凤翔区通过压减考核频次、优化考核方式、做实结果运用,切实为基层减负松绑。当地制定公务员平时考核办法,加强对考核总量控制,严禁各镇、各部门自行设置以全体公务员为对象的经常性考核项目,将平时考核结果运用于评先评优、干部考察、职级晋升、发展党员、教育培训等方面,实现"一考多用",防止多头考核、重复考核。近三年来,凤翔区压减以全体公务员为对象的经常性考核指标96项,各级各部门申报考核计划量下降38.5%,

实地考核量下降36.4%。

优化考核方式
提升考核质效

"过去,多的时候一天有好几拨检查。现在县里出台一系列措施,为基层干部松绑减负,我们深入群众、面对面解决问题的精力更多了。"浙江省杭州市桐庐县新合乡党委书记陈少霞说。

近年来,桐庐县从优化改进考核方法入手,从规范考核方式、优化考核流程、精减考核指标三个层面为考核"瘦身"。聚焦"多考合一",桐庐县将以往由多部门、多条线开展的多项检查考核进行优化整合,切实减少考核频次。该县精减考核项目,建立重复考核指标退出机制,从源头上为基层减负。截至目前,桐庐县共清理考核项目12项,合并年度综合考评项目11项,县级考核事项减少34%。

针对干部政治素质考察难以量化、干部画像不够精准等问题,桐庐县纪委监委、县委组织部聚焦考准考实干部政治素质,不断改进考察办法,通过走社区、听口碑,全方位、多角度了解干部个人品德、能力作风等,并对苗头性倾向性问题及时跟进提醒、闭环整改。

针对在干部考核中各部门联动不畅、信息"孤岛"等问题,桐庐县探索建立"上下贯通、左右兼顾"的考核评价信息数据收集机制,推动纪检监察、信访、责任审计等信息融合运用,切实运用信息化手段和大数据分析,全面了解干部综合表现,推动考核评价更加客观公正、精准高效。

"过去我们在干部考核中更注重对一些负面行为的扣分,现在我们把严管厚爱、激励担当当作重要工作来推进。"桐庐县监委委员汤征钢说。

桐庐县纪委书记、县监委主任毛建标表示,"下一步,我们还将推动相关部门上下联动,持续深化整治形式主义,健全基层减负常态化机制,严防反弹回潮,实实在在为基层减真负、真减负。"

强化结果运用

激励担当作为

贵州省遵义市凤冈县土溪镇大连村,之前是一个村容村貌差、村民收入低、村集体经济弱的山村。如今,该村村集体经济连续4年实现增长。变化何来?不少群众直言,能干实事的村干部是关键。

严考促严管,激励促担当。凤冈县面向基层干部出台政策,针对村党组织书记、村委会主任、集体经济组织负责人,探索实行"基本报酬+考核绩效+集体经济发展创收奖励+党内关怀"管理机制,激励基层干部担当作为。因村集体经济连续实现增长,大连村党总支书记、村委会主任朱健获得表彰,按程序提升了待遇。

如何有效推动干部"能上能下"?既要多渠道打通干部"能上"壁垒,还要一体畅通"能下"渠道,解决干部不担当、不作为问题,激发干事创业热情。

"全县17名退出领导岗位的干部以指导员身份，主动扎根基层一线，服务山乡建设。其中5人因考核优异，晋升了职级。"凤冈县委组织部部长许峰认为，以学提能、以考促用、以用严管，树牢讲实干、重实绩的用人导向是关键。

"该同志政治素养好，有担当、善创新、务实敬业，工作实绩突出……"凤冈县委常委会会议研究干部人事工作时，县委组织部汇报了对江伟的考察"画像"。

江伟是凤冈县市场监督管理局干部，曾连续8年获评年度考核优秀等次。按照"实干实绩，优秀优先"的干部选用理念，凤冈县采取"一延伸两拓展"的干部考察方式，把考察延伸到干部居住社区，拓展至干部个人家庭生活、家人评价，全面了解江伟的行为表现。此后，江伟被调任为该局副局长。

近年来，凤冈县始终把基层一线作为培养、识别干部的平台，推动考核结果与干部选拔任用相衔接，激发干部干事创业热情。"在今后的干部提拔晋升、交流使用、培训学习等方面，要发挥好考核'指挥棒'作用，让优秀者优先、有为者有位。"凤冈县委书记马华说。

（张栬　刘军国　苏滨　龚仕建

《人民日报》2024年03月26日第10版）

如何 始终保持干事创业精神状态

福建省泉州市完善落实激励干部担当作为政策措施——
增强干部"会担当""重担当""敢担当"的能力本领

周末早上8点不到,福建省泉州古城里,游客熙熙攘攘,提线木偶、南音等各式表演在西街上演,热闹非凡。

"赶紧再去施工现场看看!"脚踩一双轻便的运动鞋,泉州市自然资源和规划局自然资源利用管理科副科长黄建东早早地出了门。"工业外迁、地块闲置后,如何盘活利用、补足设施短板,是这两年古城土地利用规划的重点。"在土地管理部门工作20年,黄建东实战经验不少。2024年,因表现优异、实绩突出,他被选树为泉州市"担当者"典型。

近年来，泉州市传承弘扬"晋江经验"，完善落实激励干部担当作为政策措施，通过实训赋能、选树典型、严管厚爱等方式，增强干部"会担当""重担当""敢担当"的能力本领，推动形成敢为、敢闯、敢首创的生动局面，为推动高质量发展提供有力支撑。

实训实干

"我方认为，安全生产事故的发生，主要原因在于企业安全生产意识淡漠……"

"我方认为，部门监管不力、排查不严是主要原因……"

泉州市委党校（行政学院）一间研讨室里，两条长桌，两支话筒，一个辩题，台上6名干部你来我往、辩论正酣，台下60多名干部边听边思考。30分钟的辩论结束，课堂讲师陈小红总结道："不错！双方既有理论逻辑，也有实践观察，达到了预期效果。"

这场辩论，是泉州市委党校第九十八期科级干部进修班的一堂课。来自泉州市直各部门、各县市区的60多名科级干部，要在这里进行为期5周的培训"充电"。

"以实战为导向，我们将课程与实践紧密结合，紧扣发展目标任务和干部履职需要制定年度培训计划。"泉州市委党校（行政学院）常务副校（院）长杜明星说。结合泉州民营企业多、金融需求量大、产业转型的实际，"金融创新推动经济发展""科技创新提质升级"等一批教材投入使用；针对重点岗位领导干部，先后开展

如何 始终保持干事创业精神状态

"数字经济发展""创建世界遗产保护利用典范城市"等10个专题培训；围绕半导体产业、新能源发展等，创建东海干部学堂"云课堂"，邀请专家学者、头部企业负责人线上授课……

坚持干什么学什么、缺什么补什么，为干部"会担当"赋能添力。泉州坚持分级分类，实施"晋江经验"传承工程、思想政治铸魂工程、专业能力赋能工程、年轻干部拔萃工程等干部教育培训工程，全力打造高素质干部队伍。

泉州市政府办公室副主任连景忠参加市委党校县处级干部进修班集中培训已有一个月时间。"我的主要工作之一是参与市政府督查。前几天，党校组织学员前往莆田市木兰溪听治水故事、理治理脉络，一路下来，给我留下了很深的印象。"连景忠说，"木兰溪得以变害为利、造福人民，离不开正确政绩观的指引，离不开完善的法治保障，这对于我做好本职工作具有重要的启发意义。"

理论创新每前进一步，理论武装就要跟进一步。2024年全国两会闭幕不久，南安市便组织"新质生产力和新经济发展"学习活动，来自乡镇（街道、开发区）、市直经济部门、市属国企的52名主要负责人，赴上海、苏州等地看规划建设、学科技创新。"通过学习，我们看到了差距、明确了不足，'坐不住、等不起、慢不得'的紧迫感更加强烈。"一名学员感慨道。

选树典型

"这里曾是一家电子仪器厂，去年刚刚改造成一家酒店，旅客可以在这里尽览古城风光。"行走在通政巷里，黄建东娓娓道来。

曾经，泉州有不少工业低效用地，地形破碎、性质复杂、功能不清。2022年9月，国家赋予泉州盘活利用低效用地试点政策。考虑到其此前工作经历，黄建东被抽调进入"泉州市盘活利用低效用地试点工作专班"，担任城镇低效用地开发组组长。

走现场、看图纸、捋政策……半年时间内，他率组完成了全市低效用地调查摸底工作，共开展调查低效用地2万余宗，总面积25.63万亩；同时，积极推进试点示范项目、撰写首批政策包，一系列工作紧锣密鼓，成效显著。去年6月，黄建东被评为泉州市"担当者"先进典型。

2023年初以来，泉州树立抓落实、拼实绩、比贡献的鲜明导向，以永葆"爱拼敢赢"精气神为主题，常态化选树"担当者"先进典型，激励干部优者更优、后进争先。

把典型选好，把"重担当"导向树起来。泉州建立"赛马"比拼机制，聚焦招商引资、项目建设、乡村振兴等，设置"扛得了重活、打得了硬仗"等10项指标，组织各单位和有关工作专班向市委推荐担当作为优秀干部。在此基础上，组织部门采取包片跟踪、蹲点考核等措施，了解掌握干部现实表现及工作实绩，结合专项工作表现、考核情况以及单位党委（党组）、纪检监察部门意见，综合研判确定先进典型。

深入五店市、梧林传统村落、安平桥等网红打卡点、热门景区和重点乡镇（街道）指导开展春节主题体验活动；组织在泉州古城设立窗口推介晋江文旅；带领3支晋江非遗队伍参加民俗踩街……今年春节，晋江市文旅局党组书记、局长蔡惠琼步履不停。

作为"担当者"典型，蔡惠琼的故事登上泉州市推出的"争当21世纪'海丝名城'建设的担当者"丛书。丛书集纳各领域的"担当者"事迹，发放至全市所有干部，供大家学习对标。

"让'担当者'发挥榜样效应，我们按规定对'担当者'给予嘉奖记功，并通过媒体报道、事迹汇编、巡回宣讲等方式，予以通报表扬和事迹宣传，同时对事业需要、人岗相适的给予提拔重用或晋升晋级，让'担当者'有为更有位。"泉州市委组织部有关负责人说。

严管厚爱

"年度考核看的是履职表现的平时积累，大家开展工作时也更注重抓在平时，担当作为的劲头更足了。"参加完干部年度考核谈话，泉州市鲤城区人社局局长金建法由衷地感慨。

2022年，鲤城区开始实行"干部考核积分制"，为干部履职表现建立可查询、可跟踪、可评价的量化考核工作机制。"我们制定

《干部履职表现量化考核评价表》，设置履职得分、激励加分、惩戒扣分三大积分项，每个积分项明确得分、加分、扣分标准细则，对全区干部进行全方位、立体式考量。"鲤城区委组织部副部长陈晓辉说。

鲤城区把开展履职量化考核与推行干部"能上能下"结合起来。2022年以来，在量化考核中获评"好"等次的44名干部被提拔使用、62名干部晋升职级、21名干部得到进一步使用；7名区管实职干部因履职不力被调整。

"工程进度如何？还有什么问题需要协调的？"春日里，正值施工"黄金期"，泉州市永春县纪委监委驻县卫健局纪检监察组组长黄映雪带队前往县里某医院施工现场，开展一线监督。

翻开她的笔记本，上面记得密密麻麻："就医流程可否再优化简化，让群众少跑腿？""县级医院如何引入省级医疗资源，构建跨域医联体？"……笔记本上的问题，都是黄映雪关注的重点。

2023年的一封群众举报信，反映黄映雪违规插手项目采购等问题。永春县纪委监委立即进行核查，最终确认举报失实，系因其严肃执纪执法遭人蓄意举报打击报复。

对干部既要严管，也要厚爱。泉州市建立督促党委（党组）落实干部日常管理责任清单，加强对干部全方位管理和经常性监督，在激励和约束中促进干部成长。同时，加强提醒函询诫勉工作，严肃查处诬告陷害行为，及时为受到不实举报的干部澄清正名；出台

如何始终保持干事创业精神状态

关爱激励干部"八条措施""十条意见",建立容错纠错机制,防治问责泛化、简单化,旗帜鲜明为担当作为的干部撑腰鼓劲。

干部敢为、地方敢闯、企业敢干、群众敢首创,干事创业活力不断激发。泉州市统计局数据显示,2024年1—2月,泉州市规模以上工业增加值同比增长10.1%,全市规模以上工业36个大类行业中,有30个行业增加值实现正增长。与此同时,全市固定资产投资同比增长11.7%,招商项目提速转化,投资动力持续增强。泉州市委主要负责人表示:"我们要持续巩固拓展主题教育成果,用好'赛马'比拼和'担当者'典型引领机制,激励广大干部敢想敢为'敢担当',以'争'的意识、'拼'的姿态、'抢'的劲头投身高质量发展。"

(刘晓宇 《人民日报》2024年04月09日第19版)